Walter Albrecht

# Arbeitsblätter Menschenkunde II

Nervensystem, Sinnesorgane,
Hormone,
Fortpflanzung und Entwicklung

Arbeitsblätter Biologie

Ernst Klett Verlag
Stuttgart Düsseldorf Leipzig

**„Arbeitsblätter Biologie“** ist eine Reihe von klar strukturierten, abwechslungsreich aufbereiteten Materialien, die im Unterricht aller Schularten sehr vielseitig einsetzbar sind. Jeder Band präsentiert ein in sich geschlossenes Thema der modernen Schulbiologie.

Bisher erschienene Bände:

Arbeitsblätter Vögel (Klett-Nr. 03091)
Arbeitsblätter Insekten (Klett-Nr. 03092)
Arbeitsblätter Fische – Lurche – Kriechtiere (Klett-Nr. 03093)
Arbeitsblätter Säugetiere (Klett-Nr. 03094)
Arbeitsblätter Blütenpflanzen (Klett-Nr. 03095)
Arbeitsblätter Suchtvorbeugung (Klett-Nr. 03096)
Arbeitsblätter Menschenkunde I (Klett-Nr. 03097)
Arbeitsblätter Menschenkunde II (Klett-Nr. 03098)
Arbeitsblätter Einzeller und Wirbellose (Klett-Nr. 03099)
Arbeitsblätter Umweltschutz (Klett-Nr. 03101)
Arbeitsblätter Bakterien, Viren, Pilze, Parasiten (Klett-Nr. 03102)
Arbeitsblätter Zellbiologie (Klett-Nr. 03103)
Arbeitsblätter Genetik (Klett-Nr. 03104)
Arbeitsblätter Ökosysteme (Klett-Nr. 03105)
Arbeitsblätter Verhalten (Klett-Nr. 03106)
Arbeitsblätter Evolution (Klett-Nr. 03107)

Weitere Bände in Vorbereitung.

Gedruckt auf Recyclingpapier,
hergestellt aus 100 % Altpapier.

2. Auflage A2 7 6 5 4 | 2002 2001

Alle Drucke dieser Auflage können im Unterricht nebeneinander benutzt werden, sie sind untereinander unverändert. Die letzte Zahl bezeichnet das Jahr dieses Druckes.

Internetadresse: http://www.klett.de



Satz: Steffen Hahn GmbH, Kornwestheim
Reproduktion: H & N Repro, Stuttgart
Druck: Wilhelm Röck, Weinsberg

ISBN 3-12-030980-X

Autor:
Walter Albrecht, Lindenschule, Stuttgart

Grafiken: Christiane Bodentien, Neckargemünd

Umschlag: Prof. Jürgen Wirth, Darmstadt
(Bildvorlage: Deutsches Museum, München)

Das Werk entstand unter Planung und Mitwirkung der Verlagsredaktion für Naturwissenschaften.

Redaktion dieses Bandes:
Friederike Naroska, Diplom-Biologin, Tübingen

ISBN 3-12-030980-X

Die Vorbereitung des naturwissenschaftlichen Unterrichts ist für Lehrerinnen und Lehrer häufig sehr zeitaufwendig. Wie viele Stunden verbringen sie nicht mit der Suche nach geeigneten Materialien! Für Didaktiker ist zwar das Realobjekt das zentrale Arbeitsmittel; Praktiker wissen jedoch, dass gut strukturierte Medien im Lernprozess unverzichtbar sind und die Begegnung mit dem Original ergänzen müssen.
Hier sollen die „Arbeitsblätter" eine Hilfe sein. Sie bieten den Lehrerinnen und Lehrern eine Fülle von Rohmaterial an, das sie nach ihren Vorstellungen nutzen und im eigenen Unterricht verwenden können. Bei der Durchsicht dieses Materials werden interessierte Kolleginnen und Kollegen schnell erkennen, dass die Arbeitsblätter

- klar strukturiert,
- abwechslungsreich aufbereitet,
- richtlinien-, schulform- und schulstufenunabhängig,
- nicht an ein bestimmtes Unterrichtswerk gebunden und vor allem
- methodisch vielseitig einsetzbar sind.

Der übersichtliche Aufbau der Arbeitsblätter erleichtert die Benutzung: Auf der rechten Seite befindet sich in der Regel die Kopiervorlage; ihr gegenüber ist eine mögliche Musterlösung angegeben, die manchmal durch weiterführende Hinweise oder zusätzliches Material ergänzt wird. Um die Arbeitsblätter optimal nutzen und sie methodisch variabel einsetzen zu können, sollten von diesen Kopiervorlagen bzw. von einzelnen Teilen auch Folien für den Overhead-Projektor angefertigt werden.
Im formalen Aufbau werden alle sinnvollen Möglichkeiten eines Arbeitsblattes genutzt: Aufträge mit Beobachtungsaufgaben wechseln mit anatomischen Übungen und Bastelhinweisen ab. Oberstes Prinzip ist dabei, die Eigentätigkeit der Schülerinnen und Schüler anzuregen. Das Arbeitsblatt hat also kaum illustrierenden Charakter, es wird vielmehr verstanden als zentraler Bestandteil der Erarbeitung im Unterricht.

Inhaltlich decken die Arbeitsblätter alle Themen der Menschenkunde ab. Bau und Funktion des menschlichen Körpers, Einzeldarstellungen von Organen und ihr Zusammenwirken sind ebenso enthalten wie Aspekte zur Gesundheitserziehung. Die Kopiervorlagen sind nach folgenden Gesichtspunkten zusammengefasst:

Band I: Bewegung und Stoffwechsel
- Skelett
- Muskeln
- Atmung
- Blut und Blutkreislauf
- Abwehrsystem
- Zähne
- Ernährung und Verdauung
- Ausscheidung

Band II:
- Nervensystem
- Sinnesorgane
- Hormone
- Fortpflanzung und Entwicklung

Eine umfassende, vollständige Behandlung des Körpers ist in der Schule aus stofflichen und zeitlichen Gründen nicht möglich.
Ziel der unterrichtlichen Arbeit ist es, die Leistungen und das Zusammenwirken der Organe an verschiedenen Beispielen exemplarisch aufzuzeigen. Dementsprechend sind auch die Arbeitsblätter dieser Hefte zusammengestellt:

- Zuerst wird der Bau eines Organs so eingehend behandelt, wie es für das Verständnis seiner Leistungen erforderlich ist. So ist z. B. das Wissen über den Bau eines Auges (siehe Arbeitsblätter „Bau des Auges" und „Aufbau der Netzhaut") wichtig für den später zu behandelnden Sehvorgang (siehe Arbeitsblätter „Bildentstehung" und „Akkomodation").
- Nach dem Erfassen des Zusammenhangs zwischen Bau und Funktion einzelner Organe kann dann beim Schüler Einsicht in das Zusammenwirken verschiedener Organe im Körper erzielt werden. Ein Beispiel hierzu ist das Arbeitsblatt zum Thema „Stress". Hier untersuchen die Schüler das Zusammenwirken von Nerven- und Hormonsystem.

Die vorliegenden Arbeitsblätter sind insbesondere für den Einsatz in der Sekundarstufe I vorgesehen. Sie eignen sich durch ihren thematischen Aufbau, durch die klare grafische Darstellung und durch ihre sprachliche Gestaltung für den Einsatz im Anfangsunterricht. Durch die Vielfalt des Angebotes werden jedoch auch Inhalte der Mittel- und Oberstufe von Realschulen bzw.




ISBN 3-12-030980-X

Gymnasien aufgefangen. Dies ermöglicht einen Einsatz der Arbeitsblätter in jeder Schulform und in jeder Altersstufe. Lehrerinnen und Lehrer können dann die Musterlösungen entsprechend der Leistungsfähigkeit der jeweiligen Lerngruppe den eigenen Zielsetzungen anpassen.

Ein weiterer Vorteil des Materials ist darin zu sehen, dass es unabhängig von einem bestimmten Lehrwerk entwickelt wurde. Die Einzelthemen sind voneinander unabhängig und untereinander austauschbar. Deshalb kann die Auswahl und Anordnung der Kopiervorlagen beliebig variiert werden.

Der für die Unterrichtenden wichtigste Aspekt dürfte darin liegen, dass sie die Arbeitsblätter methodisch unterschiedlich einsetzen können. Das Material ist von seiner Konzeption her so angelegt, dass es vielfältige Verwendungsmöglichkeiten zulässt. Die methodische Freiheit des Einzelnen ist damit gewährleistet. Um das zu erläutern, seien einige Stichwörter angeführt.

Der Einsatz kann erfolgen:
- unterrichtsvorbereitend,
- unterrichtsbegleitend oder
- nachbereitend.

Die Funktion des Materials kann liegen in:
- Vermittlung von Information,
- Bearbeitung einer bestimmten Problemfrage,
- Ergebnissicherung und Zusammenfassung,
- Festigung und Wiederholung,
- Übung und Anwendung,
- Lernerfolgskontrolle oder
- Anleitung zum naturwissenschaftlichen Arbeiten.

Es lassen sich neben den kognitiven Lernzielen auch pragmatische und fachmethodische Ziele erreichen; die Schülerinnen und Schüler üben das
- Betrachten und Beschreiben,
- Beobachten und Vergleichen,
- Vermuten und Hypothesen-Aufstellen,
- Untersuchen und Experimentieren.

Schließlich lassen sich die Arbeitsblätter in verschiedenen Interaktions- bzw. Sozialformen im Unterricht einsetzen. Sie ermöglichen im Zusammenhang mit der entsprechenden Folie:
- Lehrer- und Schülervortrag,
- fragend-entwickelndes Verfahren,
- angeleitetes bzw. selbstständiges Erarbeiten.

Das kann geschehen im
- Klassenunterricht (frontal) bzw. als
- Gruppenarbeit,
- Partnerarbeit oder
- Einzelarbeit.

Da durch die äußere Form der Arbeitsblätter in den meisten Fällen keine der genannten unterrichtsdidaktischen bzw. methodischen Einsatzmöglichkeiten vorweggenommen ist, können die Unterrichtenden das Material entsprechend ihren Vorstellungen und in Abhängigkeit von den besonderen Bedingungen ihrer Schule und ihrer Klasse verwenden.

Ein konkretes Beispiel dazu: Im Unterrichtsgespräch ist die Bedeutung des weiblichen Zyklus erarbeitet worden. Die Rolle der beteiligten Hormone sowie der Hormondrüsen lässt sich mit dem Arbeitsblatt „Hormonelle Vorgänge beim weiblichen Zyklus" erschließen.

Die Arbeitsblätter sollen andere geeignete Arbeitsmittel, z. B. einen Film oder entsprechende Dias, in der Motivations- bzw. Erarbeitungsphase nicht ersetzen. Sie können sie in günstiger Weise ergänzen. Falls aber, wie leider viel zu oft, Filme und Diareihen nicht oder nicht rechtzeitig zur Verfügung stehen, erlauben die Arbeitsblätter dennoch einen informativen, methodisch abwechslungsreichen und effektiven Unterricht. Damit sind die Arbeitsblätter ein attraktives Angebot an Lehrerinnen und Lehrer; sie sind ein vielfältig nutzbarer „Steinbruch" zur Erleichterung und Optimierung des Unterrichts.




ISBN 3-12-030980-X

1. Benenne die dargestellten Teile einer Nervenzelle.

a *Synapse (Schaltstelle)*

b *Dendriten*

c *Zellkern*

d *Zellkörper*

e *Hüllzelle* } *Neurit (Nervenfaser)*

f *Axon*

g *Schnürring*

h *Kern*

i *Endplatte*

k *Muskelfaser*

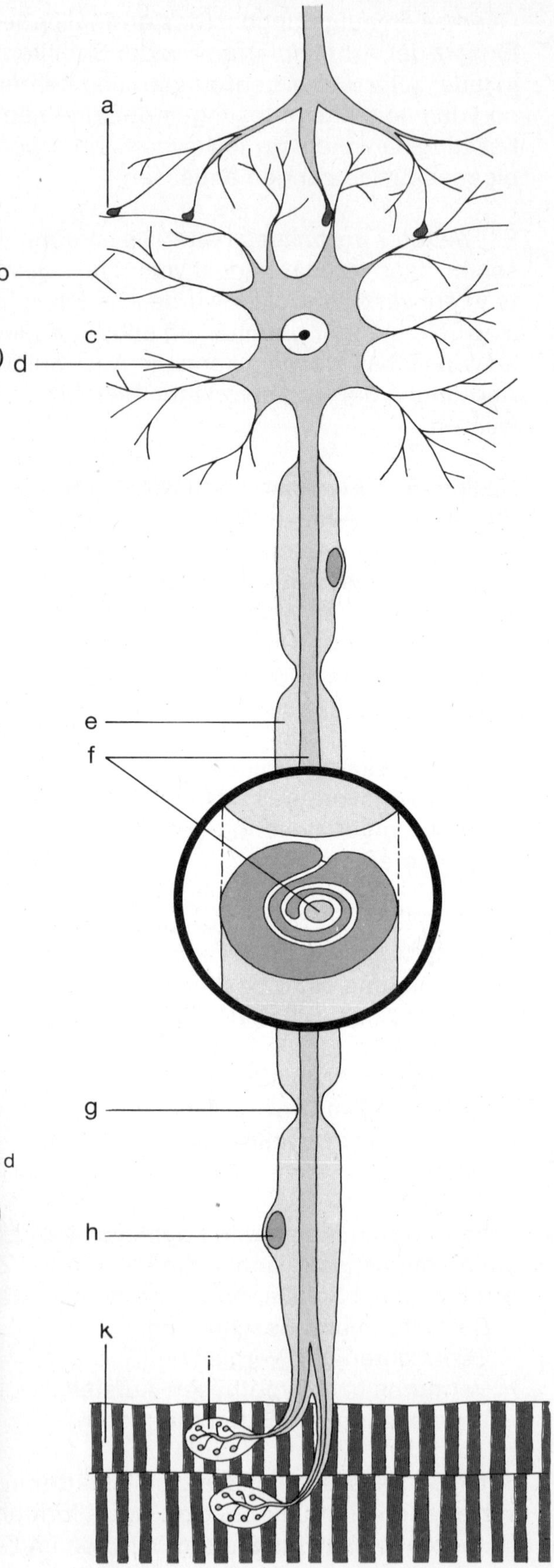


2. Die schematische Darstellung zeigt einen Nerv. Benenne die einzelnen Teile.

a *Axon*

b *Markscheide*

c *Blutgefäß*

d *Nervenfaserbündel*

e *Bindegewebshülle*

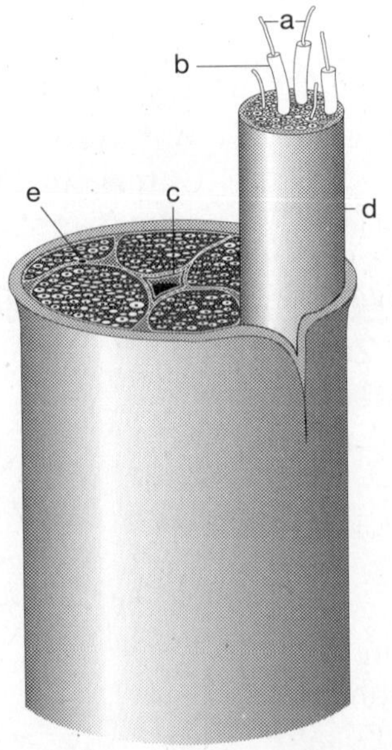




 ISBN 3-12-030980-X

1. Benenne die dargestellten Teile einer Nervenzelle.

a ____________________

b ____________________

c ____________________

d ____________________

e ____________ } ____________

f ____________

g ____________________

h ____________________

i ____________________

k ____________________

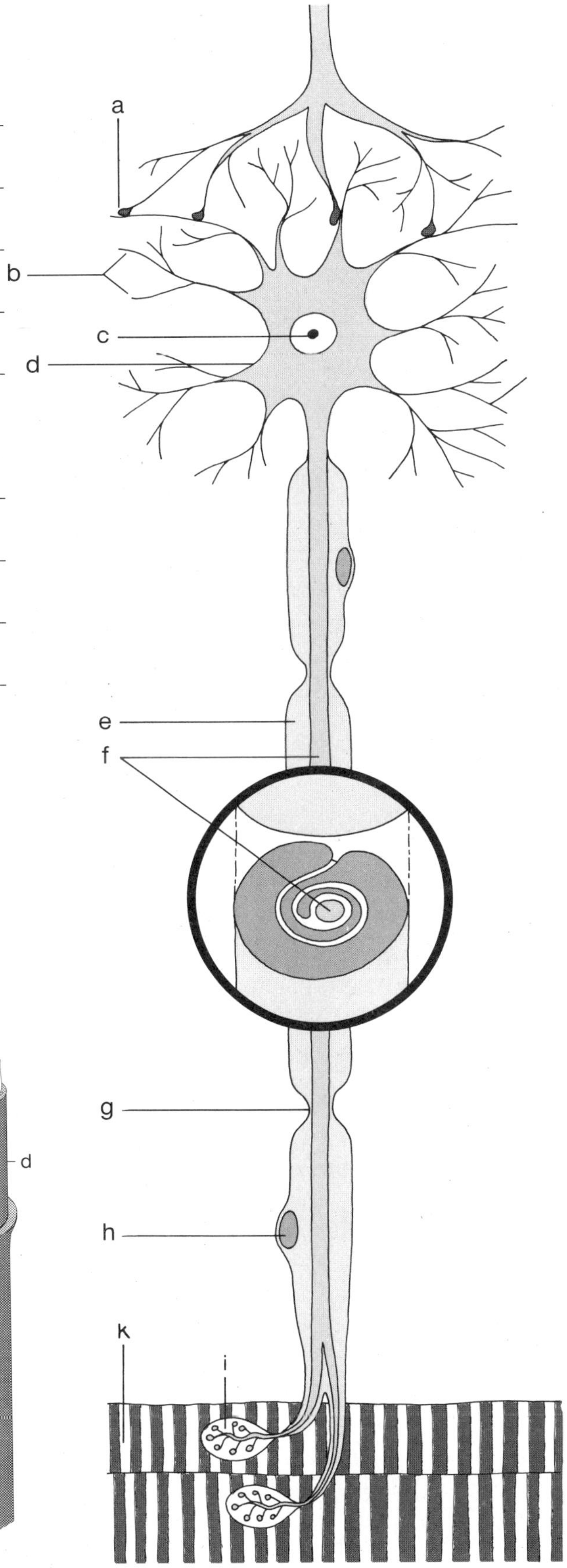


2. Die schematische Darstellung zeigt einen Nerv.
Benenne die einzelnen Teile.

a ____________________

b ____________________

c ____________________

d ____________________

e ____________________

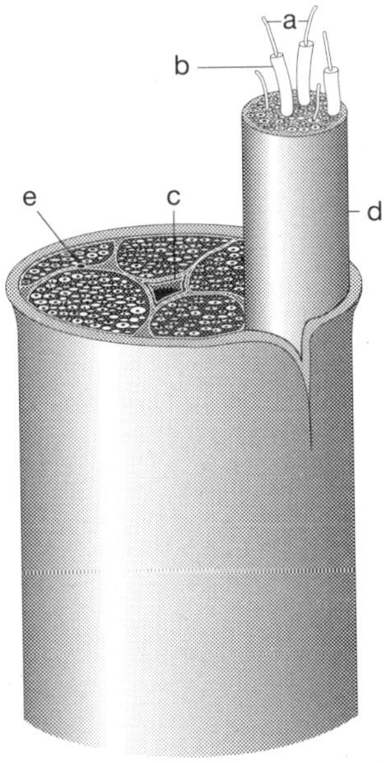




 ISBN 3-12-030980-X

________________________________

1. Die obere Abbildung zeigt zwei Nervenzellen. In der unteren Abbildung ist die Schaltstelle zwischen den Nervenzellen vergrößert dargestellt. Beschrifte diese schematische Darstellung und kennzeichne das Eintreffen einer Erregung durch einen farbigen Pfeil.

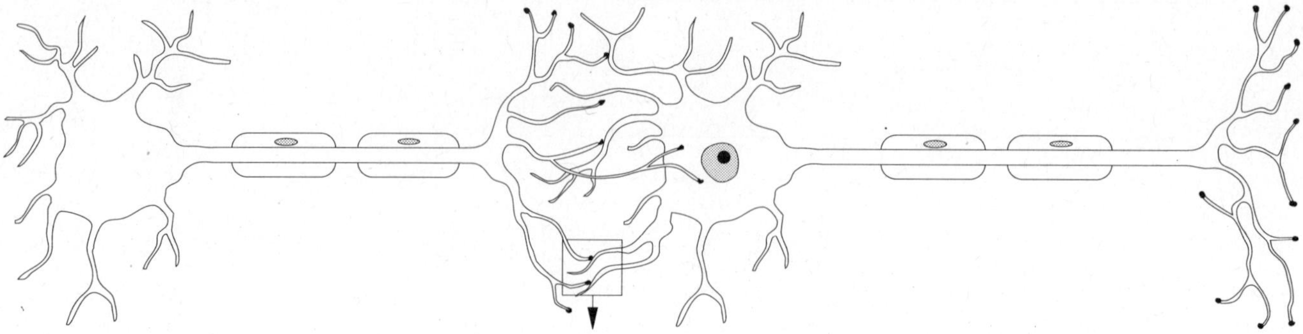

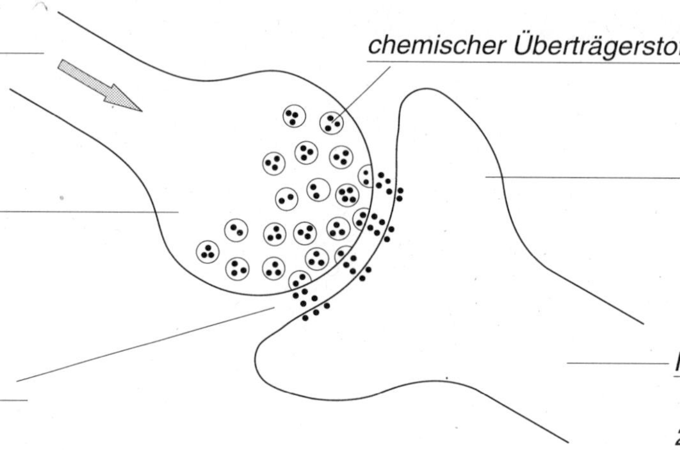


2. Ergänze im folgenden Text die fehlenden Begriffe.

Bei der Erregungsleitung innerhalb einer Nervenzelle handelt es sich um einen *elektrischen Vorgang*. Die Bahnen des Nervensystems sind jedoch an den Schaltstellen, den *Synapsen*, unterbrochen. Zwischen den *Endknöpfchen* der zuführenden Nervenfaser und den *Dendriten* der aufnehmenden Nervenzelle liegt ein feiner *Spalt*, der bei der Erregungsleitung überbrückt werden muss. Wenn eine *Erregung* das *Endknöpfchen* erreicht, wird ein *chemischer Überträgerstoff* freigesetzt. Er wandert durch den *Spalt* zu den *Dendriten* der Nachbarzelle. Der Überträgerstoff löst hier erneut eine *Erregung* aus. Diese wird dann durch die Nervenfaser zur nächsten Nervenzelle weitergeleitet.




ISBN 3-12-030980-X

1. Die obere Abbildung zeigt zwei Nervenzellen. In der unteren Abbildung ist die Schaltstelle zwischen den Nervenzellen vergrößert dargestellt. Beschrifte diese schematische Darstellung und kennzeichne das Eintreffen einer Erregung durch einen farbigen Pfeil.

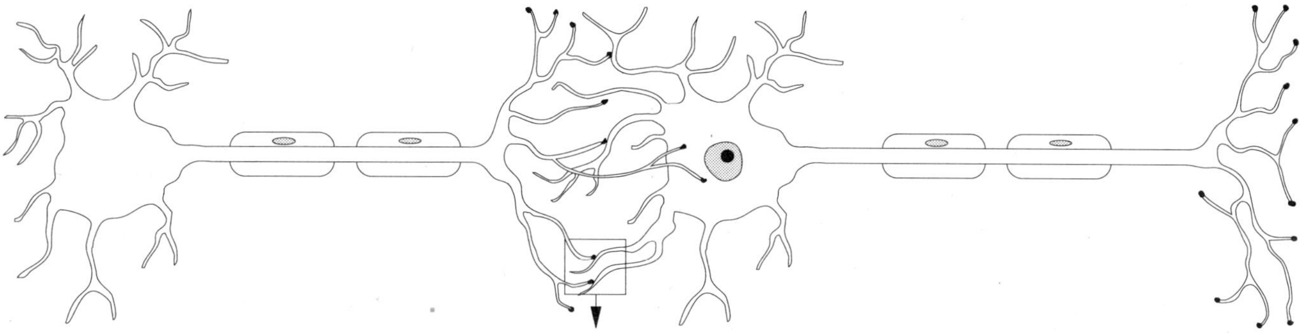

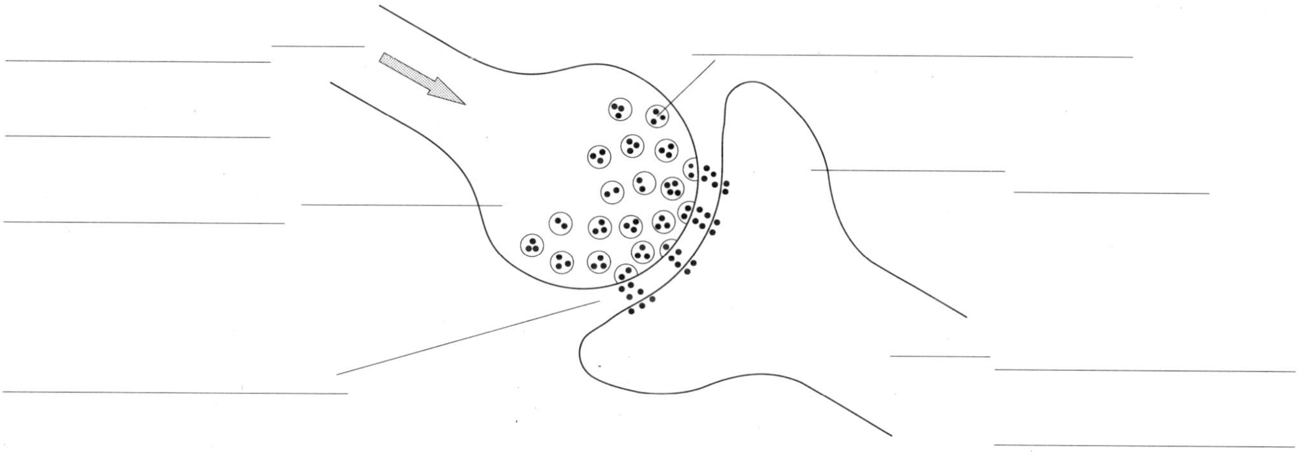

2. Ergänze im folgenden Text die fehlenden Begriffe.

Bei der Erregungsleitung innerhalb einer Nervenzelle handelt es sich um einen ____________ ______________________. Die Bahnen des Nervensystems sind jedoch an den Schaltstellen, den ____________, unterbrochen. Zwischen den ______________________ der zuführenden Nervenfaser und den ____________ der aufnehmenden Nervenzelle liegt ein feiner ________, der bei der Erregungsleitung überbrückt werden muss. Wenn eine ______________________ das ________________ erreicht, wird ein __________________ freigesetzt. Er wandert durch den ____________ zu den ______________________ der Nachbarzelle. Der Überträgerstoff löst hier erneut eine ________________ aus. Diese wird dann durch die Nervenfaser zur nächsten Nervenzelle weitergeleitet.





ISBN 3-12-030980-X

1. Die schematische Darstellung zeigt die Bereiche des Gehirns, die man bei einem Längsschnitt durch das Gehirn sehen kann. Benenne die einzelnen Bereiche und gib an, welche Aufgaben sie haben.

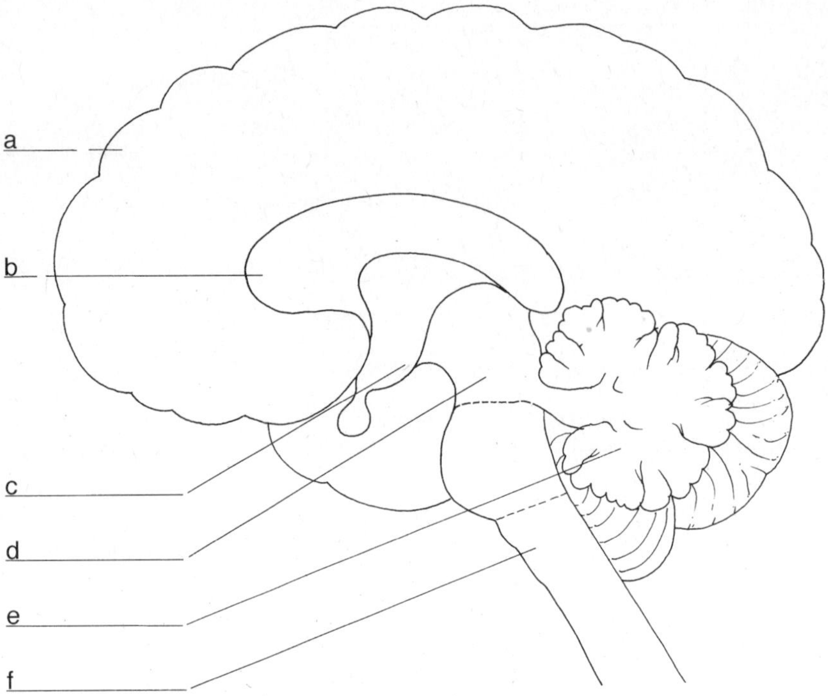


| Bezeichnung | Aufgaben |
|---|---|
| a *Großhirn* | *Wahrnehmungen, Denken, Handeln, Fühlen, Bewusstsein* |
| b *Balken* | *verbindet die beiden Hälften des Großhirns* |
| c *Zwischenhirn* | *reguliert Stoffwechselvorgänge* |
| d *Mittelhirn* | *Schaltstation für Erregungen von den Sinnesorganen* |
| e *Kleinhirn* | *überwacht Gleichgewicht und Bewegungen* |
| f *Verlängertes Mark* | *reguliert Atmung und Kreislauf* |




ISBN 3-12-030980-X

1. Die schematische Darstellung zeigt die Bereiche des Gehirns, die man bei einem Längsschnitt durch das Gehirn sehen kann. Benenne die einzelnen Bereiche und gib an, welche Aufgaben sie haben.

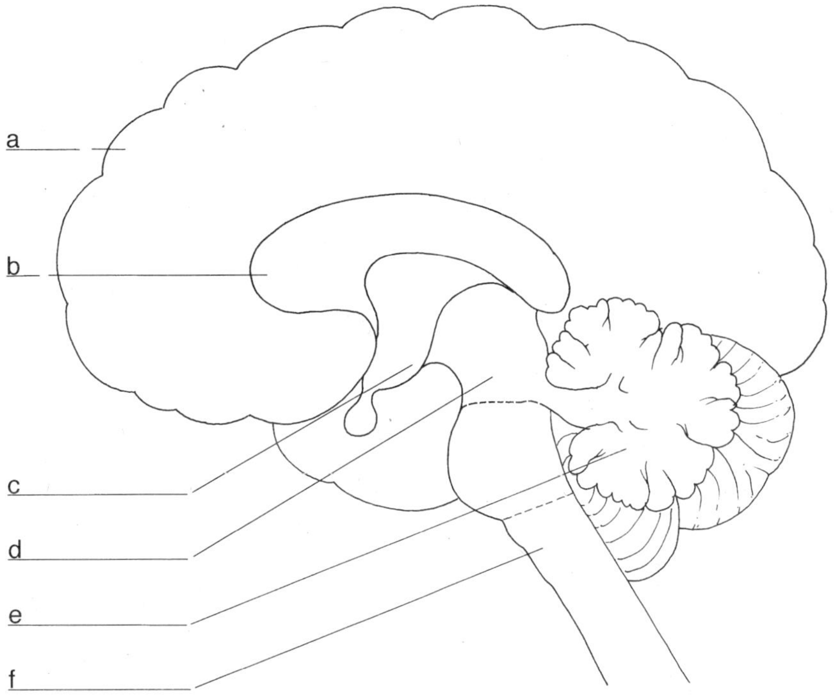


| | Bezeichnung | Aufgaben |
|---|---|---|
| a | | |
| b | | |
| c | | |
| d | | |
| e | | |
| f | | |




ISBN 3-12-030980-X

1. Die Abbildung zeigt die Gliederung der Großhirnrinde. Benenne die einzelnen Rindenfelder und male sie mit verschiedenen Farben an.

A *Gedanken- und Antriebsfelder*

B *Sensorische Felder*

C *Motorische Felder*

2. Für die verschiedenen Aufgaben des Großhirns sind unterschiedliche Bereiche auf den Rindenfeldern zuständig. Ordne mit Hilfe von Pfeilen die Begriffe in den Kästen den entsprechenden Rindenfeldern zu.

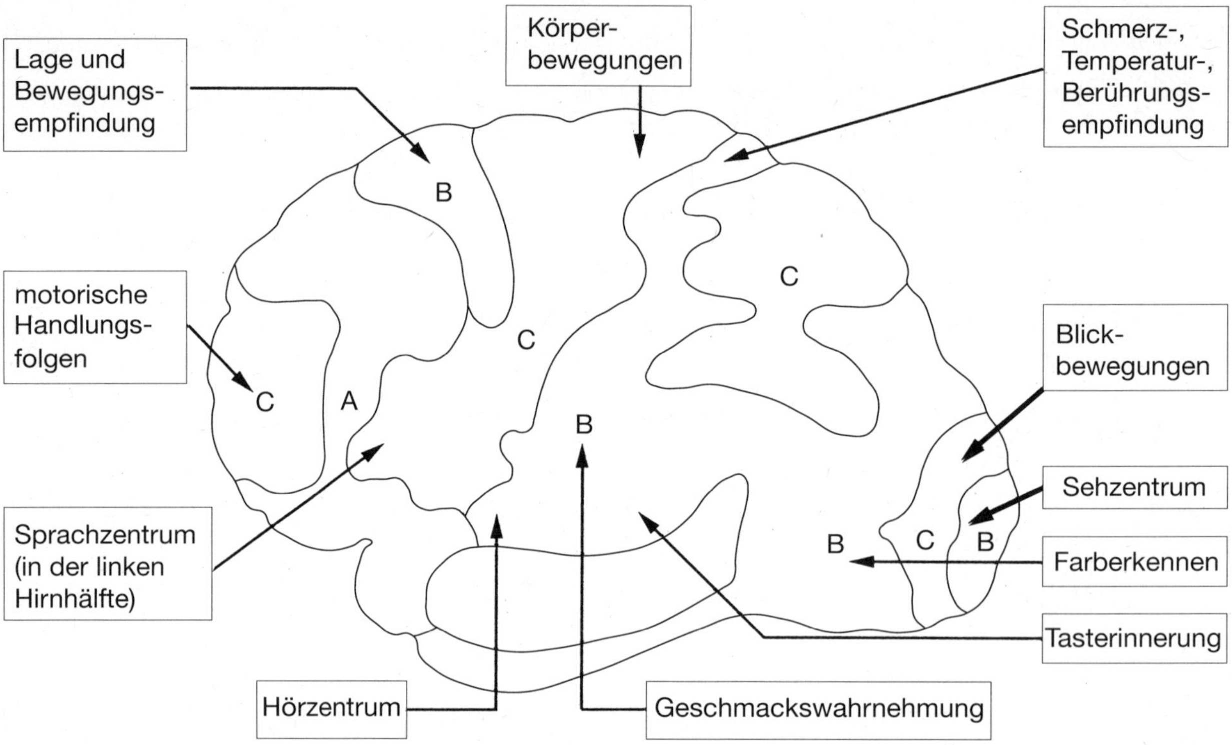


3. Von den unten angegebenen Begriffen gehören je 5 zu den 3 Rindenfeldern. Trage die Buchstaben der jeweiligen Rindenfelder ein.

| | | | | | |
|---|---|---|---|---|---|
| *A* | Bewusstsein | *A* | Denken | *C* | Kopfwendung |
| *B* | Schmerzempfindung | *C* | Beinbewegung | *B* | Riechen |
| *C* | Sprechen | *A* | Willen | *B* | Wärmeempfindung |
| *B* | Hören | *B* | Schmecken | *A* | Kombinieren |
| *C* | Blickbewegung | *A* | psychische Vorgänge | *C* | Rumpfbewegung |



 ISBN 3-12-030980-X

________________________________

1. Die Abbildung zeigt die Gliederung der Großhirnrinde. Benenne die einzelnen Rindenfelder und male sie mit verschiedenen Farben an.

   A ________________________________________

   B ________________________________________

   C ________________________________________

2. Für die verschiedenen Aufgaben des Großhirns sind unterschiedliche Bereiche auf den Rindenfeldern zuständig. Ordne mit Hilfe von Pfeilen die Begriffe in den Kästen den entsprechenden Rindenfeldern zu.

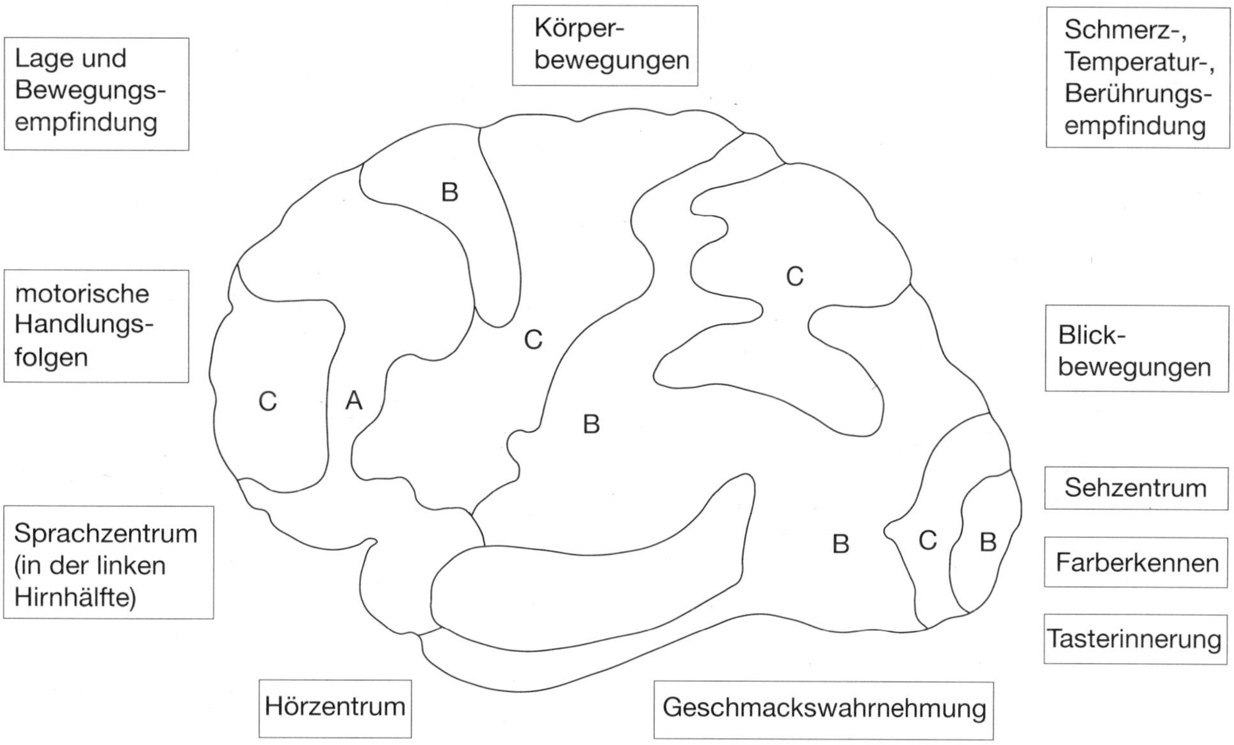


3. Von den unten angegebenen Begriffen gehören je 5 zu den 3 Rindenfeldern. Trage die Buchstaben der jeweiligen Rindenfelder ein.

| | | |
|---|---|---|
| ____ Bewusstsein | ____ Denken | ____ Kopfwendung |
| ____ Schmerzempfindung | ____ Beinbewegung | ____ Riechen |
| ____ Sprechen | ____ Willen | ____ Wärmeempfindung |
| ____ Hören | ____ Schmecken | ____ Kombinieren |
| ____ Blickbewegung | ____ psychische Vorgänge | ____ Rumpfbewegung |





ISBN 3-12-030980-X

1. Die Abbildung zeigt die Lage des Rückenmarks im Wirbelkanal.
   Benenne die dargestellten Teile des Rückenmarks und der Wirbelsäule.

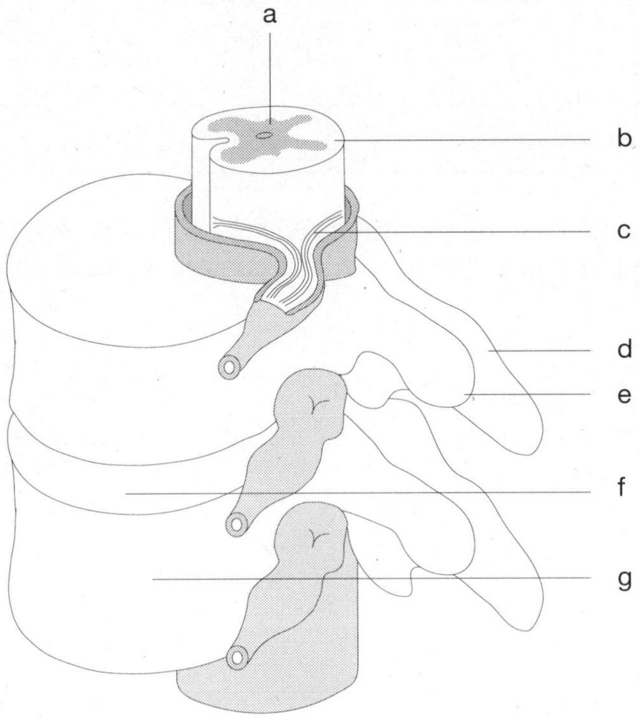


a *graue Substanz*
b *weiße Substanz*
c *Nervenwurzeln*
d *Dornfortsatz*
e *Querfortsatz*
f *Bandscheibe*
g *Wirbelkörper*

2. Die Abbildung zeigt einen Querschnitt durch das Rückenmark.
   Beschrifte.

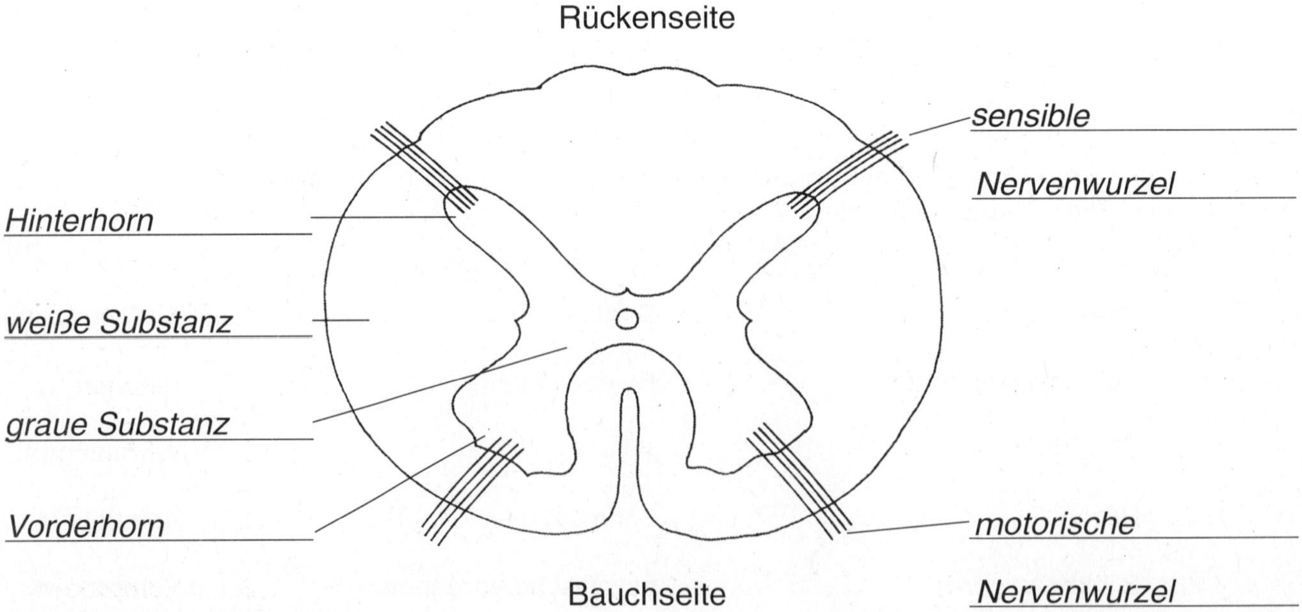





ISBN 3-12-030980-X

________________________________

1. Die Abbildung zeigt die Lage des Rückenmarks im Wirbelkanal.
   Benenne die dargestellten Teile des Rückenmarks und der Wirbelsäule.

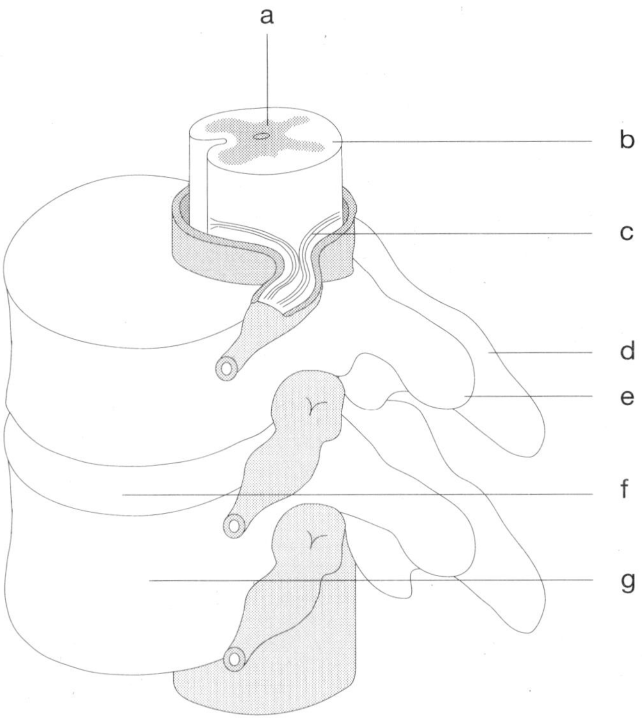


a ________________________________

b ________________________________

c ________________________________

d ________________________________

e ________________________________

f ________________________________

g ________________________________

2. Die Abbildung zeigt einen Querschnitt durch das Rückenmark.
   Beschrifte.

Rückenseite

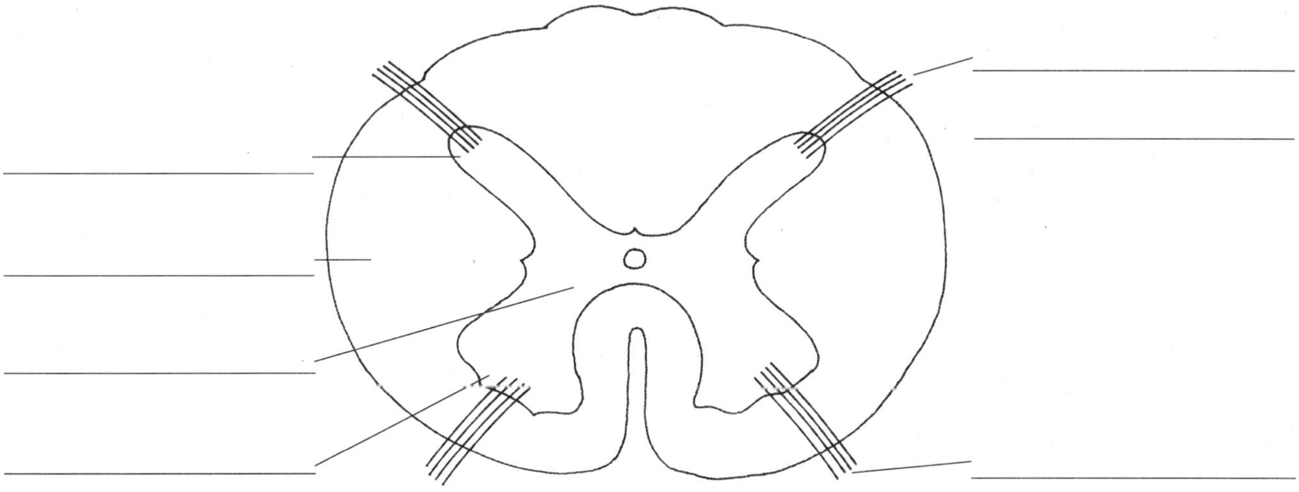

Bauchseite




ISBN 3-12-030980-X

1. Was ist ein Reflex?

*Ein Reflex ist eine schnelle Reaktion, die unbewusst, also ohne Beteiligung des Großhirns, abläuft.*

*Ein Reflex kann nicht von unserem Willen ausgelöst werden.*

2. Nenne Beispiele.

*Kniesehnenreflex, Saug- und Klammerreflex beim Neugeborenen, Lidschlussreflex,*

*Pupillenverengung, Husten.*

3. Beschrifte die Abbildung und zeichne den Reflexbogen vom Oberschenkel zum Rückenmark und zurück mit verschiedenen Farben ein.
Kennzeichne die Richtung der Nervenerregung jeweils durch einen Pfeil.

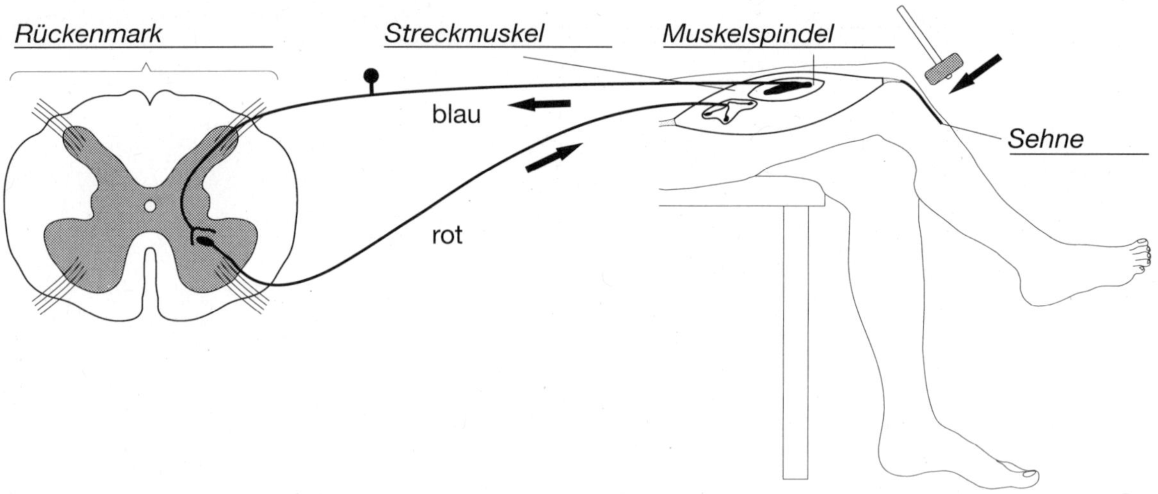


4. Beschreibe den Kniesehnenreflex und erkläre, welche Aufgaben die verschiedenen Teile des Nervensystems dabei haben.

*Der Schlag auf die Kniesehne bewirkt eine Dehnung des Streckmuskels im Oberschenkel. Dabei werden Nervenzellen in der Muskelspindel gereizt. Diese leiten die Erregung über sensorische Nervenzellen zum Rückenmark. Dort werden die Erregungen auf motorische Nervenzellen übertragen. Diese leiten die Erregungen zurück in den Oberschenkelmuskel und bewirken das Zusammenziehen des Muskels. Der Unterschenkel schnellt hoch.*




ISBN 3-12-030980-X

1. Was ist ein Reflex?

2. Nenne Beispiele.

3. Beschrifte die Abbildung und zeichne den Reflexbogen vom Oberschenkel zum Rückenmark und zurück mit verschiedenen Farben ein.
Kennzeichne die Richtung der Nervenerregung jeweils durch einen Pfeil.

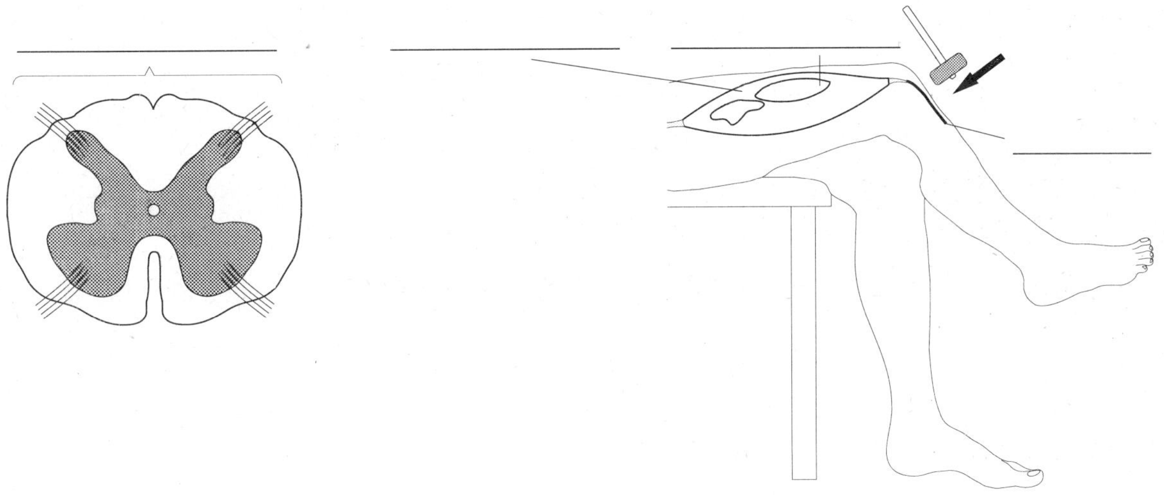

4. Beschreibe den Kniesehnenreflex und erkläre, welche Aufgaben die verschiedenen Teile des Nervensystems dabei haben.




ISBN 3-12-030980-X

1. Das Gehirn ist gegen äußere Einwirkungen gut geschützt.
   Benenne die in der Abbildung dargestellten Schutzeinrichtungen.

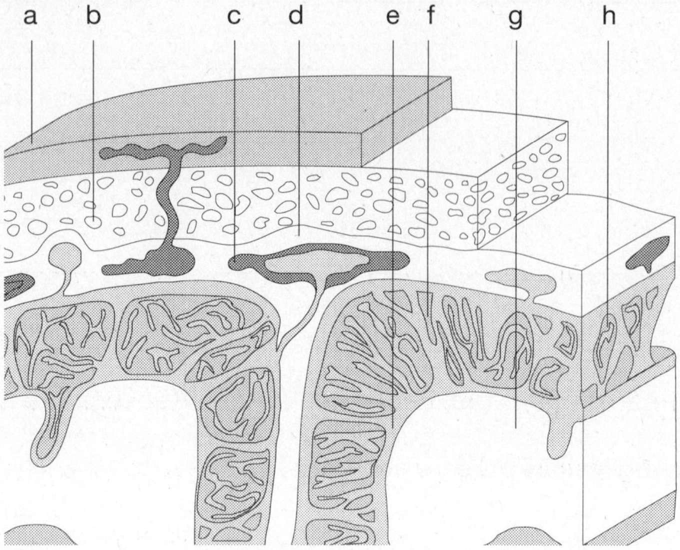


a *Kopfhaut*

b *Schädelknochen*

c *Bluträume*

d *harte Hirnhaut*

e *weiche Hirnhaut*

f *Spinnwebshaut*

g *Gehirn*

h *Gehirnflüssigkeit*

2. Fahrer motorisierter Zweiräder mit mehr als 25 km/h Höchstgeschwindigkeit müssen einen Helm tragen. Erkläre, warum diese Vorschrift sinnvoll ist.

   *Bei Unfällen ohne Helm sind die Aussichten auf eine sehr schwere Kopfverletzung etwa viermal so groß wie bei Unfällen mit Helm.*

3. Auf welche Eigenschaften muss man beim Kauf eines Helms achten?

   *Gute Passform, sichere Konstruktion (Prüfzeichen), alterungsbeständige Materialien, freie Sicht durchs Visier, gut schließender Kinnriemen.*

4. Nenne Berufe und Sportarten, zu deren Ausübung man einen Helm tragen muss.

   *Bauarbeiter, Grubenarbeiter, Fallschirmspringer, Radrennfahrer.*

5. Schreibe auf, wie du außerdem als Zweiradfahrer Gehirn und Rückenmark schützen kannst.

   *Nicht mit überhöhter Geschwindigkeit fahren, Risiko vermeiden!*

   *Immer Helm aufsetzen, Motorradanzug tragen.*




ISBN 3-12-030980-X

1. Das Gehirn ist gegen äußere Einwirkungen gut geschützt.
   Benenne die in der Abbildung dargestellten Schutzeinrichtungen.

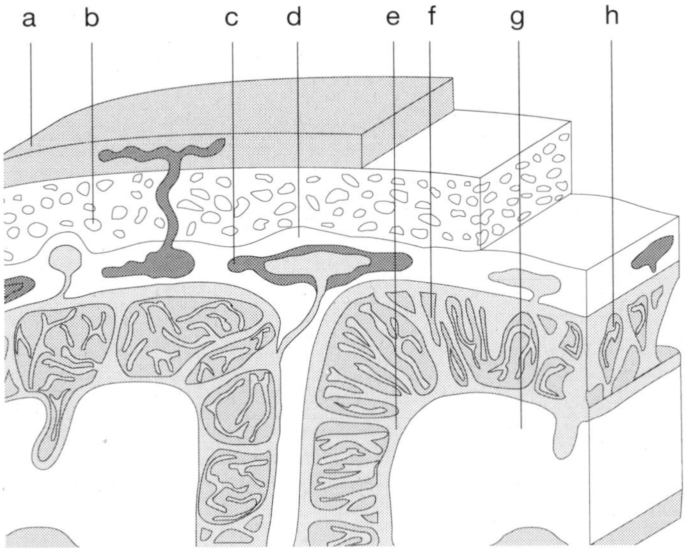


a ______

b ______

c ______

d ______

e ______

f ______

g ______

h ______

2. Fahrer motorisierter Zweiräder mit mehr als 25 km/h Höchstgeschwindigkeit müssen einen Helm tragen. Erkläre, warum diese Vorschrift sinnvoll ist.

3. Auf welche Eigenschaften muss man beim Kauf eines Helms achten?

4. Nenne Berufe und Sportarten, zu deren Ausübung man einen Helm tragen muss.

5. Schreibe auf, wie du außerdem als Zweiradfahrer Gehirn und Rückenmark schützen kannst.





ISBN 3-12-030980-X

# Das Nervensystem regelt Reaktionen auf Umweltreize

1. Beschreibe die Reaktionen eines Torwarts, wenn ein Ball auf ihn zufliegt.

*Torwart sieht den Ball, streckt die Arme aus, hechtet in Richtung Ball, versucht, Ball zu fangen.*

2. Fertige zur Erklärung eine Reiz-Reaktionskette an.

*Gehirn*
Ort der Wahrnehmung, Auswertung

| | | | |
|---|---|---|---|
| *sensorische Nervenfasern* ↑ | Erregungsleitung | Erregungsleitung | *motorische Nervenfasern* ↓ |
| *Auge* ↑ | Sinnesorgan | ausführendes Organ | *Muskel* ↓ |
| *sichtbarer Gegenstand* | Reiz | Reaktion | *Springen, Ausstrecken der Arme* |

3. Ergänze den folgenden Text.
Erregungen werden von den Organen durch das Rückenmark zum Gehirn und vom Gehirn durch das Rückenmark zu den Organen geleitet.
Gehirn und Rückenmark bilden zusammen das *zentrale Nervensystem.*




ISBN 3-12-030980-X

1. Beschreibe die Reaktionen eines Torwarts, wenn ein Ball auf ihn zufliegt.

2. Fertige zur Erklärung eine Reiz-Reaktionskette an.

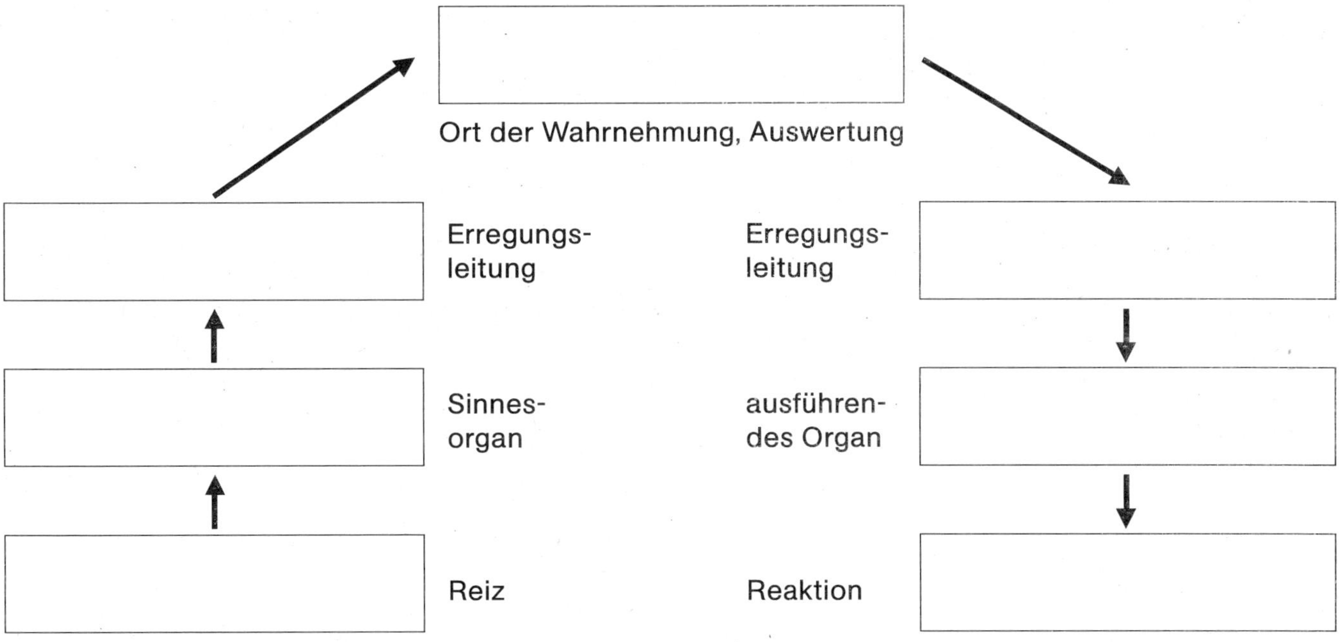


3. Ergänze den folgenden Text.
Erregungen werden von den Organen durch das Rückenmark zum Gehirn und vom Gehirn durch das Rückenmark zu den Organen geleitet.
Gehirn und Rückenmark bilden zusammen das ______




ISBN 3-12-030980-X

1. Löse das folgende Silbenrätsel. Trage anschließend die durch Ziffern gekennzeichneten Buchstaben in die Kästchen ein. Sie ergeben das Lösungswort.
CUS CUS EIN GE GE HIRN MARK NER PA PA PARA RÜCKEN
SY SYM STEM THI THI VEN WEIDE

a) Eine andere Bezeichnung für das vegetative Nervensystem. *E I N G E W E I D E N E R V E N S Y S T E M* (S = 1)

b) Welcher Teil des vegetativen Nervensystems steigert die körperliche Leistungsfähigkeit? *S Y M P A T H I C U S* (P = 3)

c) Wie heißt das Teilsystem, das als Gegenspieler wirkt? *P A R A S Y M P A T H I C U S* (U = 2)

d) Von wo ziehen die Nerven des Teilsystems mit dem kürzeren Namen zu den Organen? *R Ü C K E N M A R K* (R = 5)

e) Wo beginnen die Nerven des Teilsystems mit dem längeren Namen? *G E H I R N* (E = 4)

Lösungssatz: Wenn deine Lösungen richtig sind, dann bist du *S U P E R*
1 2 3 4 5

2. Benenne die beiden Teilsysteme des vegetativen Nervensystems und ergänze in der Abbildung jeweils die Einwirkungen auf die Organe.

a *Sympathicus*

Pupille: *Erweiterung*

Lunge: *Erweiterung*

Herz: *Anregung*

Dünndarm: *Hemmung*

Blasenentleerung: *Hemmung*

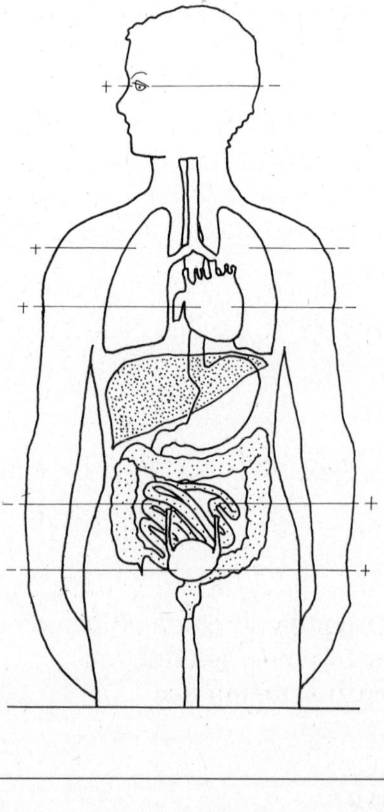

b *Parasympathicus*

*Verengung*

*Verengung*

*Hemmung*

*Anregung*

*Anregung*



 ISBN 3-12-030980-X

______________________________

1. Löse das folgende Silbenrätsel. Trage anschließend die durch Ziffern gekennzeichneten Buchstaben in die Kästchen ein. Sie ergeben das Lösungswort.
   CUS CUS EIN GE GE HIRN MARK NER PA PA PARA RÜCKEN
   SY SYM STEM THI THI VEN WEIDE

a) Eine andere Bezeichnung für das vegetative Nervensystem. _ _ _ _ _ _ _ _ _ _ _ _ _ _ _ _ _ _ _ _ _ _ (1)

b) Welcher Teil des vegetativen Nervensystems steigert die körperliche Leistungsfähigkeit? _ _ _ _ _ _ _ _ _ _ _ (3)

c) Wie heißt das Teilsystem, das als Gegenspieler wirkt? _ _ _ _ _ _ _ _ _ _ _ _ _ _ _ (2)

d) Von wo ziehen die Nerven des Teilsystems mit dem kürzeren Namen zu den Organen? _ _ _ _ _ _ _ _ _ _ (5)

e) Wo beginnen die Nerven des Teilsystems mit dem längeren Namen? _ _ _ _ _ _ (4)

Lösungssatz: Wenn deine Lösungen richtig sind, dann bist du _ _ _ _ _
1 2 3 4 5

2. Benenne die beiden Teilsysteme des vegetativen Nervensystems und ergänze in der Abbildung jeweils die Einwirkungen auf die Organe.

a ______________________ | b ______________________

Pupille: ________________ | ________________

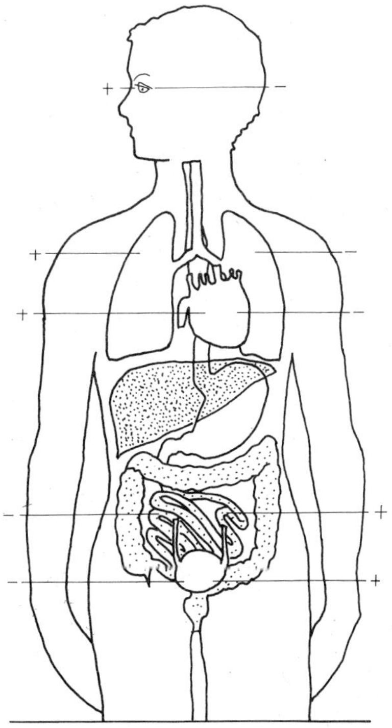

Lunge: ________________ | ________________

Herz: ________________ | ________________

Dünndarm: ________________ | ________________

Blasenentleerung: ________________ | ________________





ISBN 3-12-030980-X

1. Benenne die dargestellten Schutzeinrichtungen für das Auge.

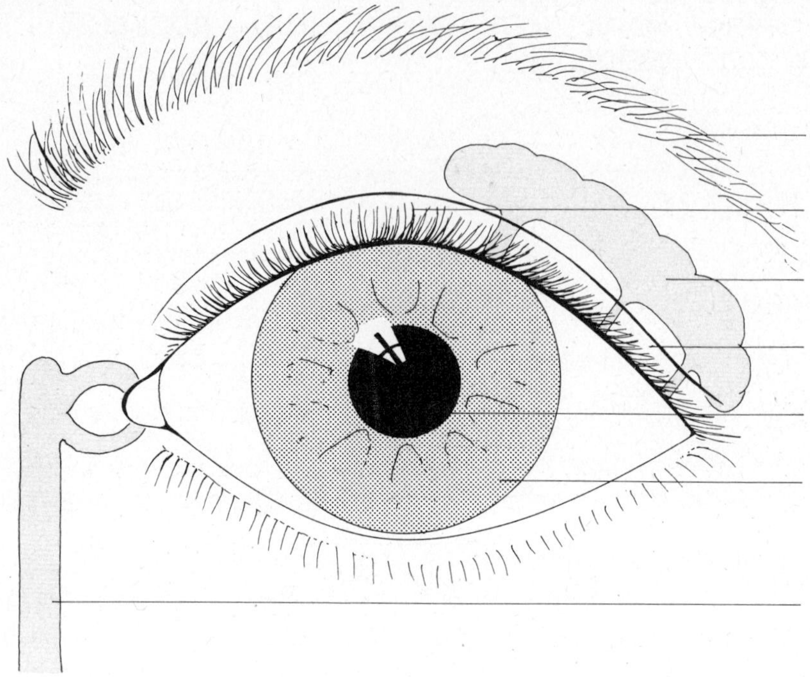

Bezeichnung

a *Brauen*

b *Wimpern*

c *Tränendrüse*

d *Lid*

e *Pupille*

f *Iris*

g *Tränenkanal*

2. Führe die folgenden Versuche durch. Beobachte und notiere die Ergebnisse und erkläre jeweils die Aufgabe der einzelnen Schutzeinrichtungen des Auges.

a) Träufle einem Mitschüler einige Tropfen Wasser auf verschiedene Stellen der Stirn.

Beobachtung: *Die Augenbrauen lenken das Wasser ab.*

Aufgabe: *Es wird verhindert, dass Schweiß ins Auge rinnt.*

b) Lasse dicht vor der Stirn kleine Papierstückchen fallen.

Beobachtung: *Bei Berührung schließen sich die Lider.*

Aufgabe: *Es wird verhindert, dass Staub oder Sand ins Auge gelangen.*

c) Führe deine Hand schnell zum Auge deines Mitschülers, so als wolltest du ihm einen Stoß versetzen. Vorsicht! Rechtzeitig bremsen!

Beobachtung: *Die Lider schließen sich reflexartig.*

Aufgabe: *Es wird verhindert, dass Fremdkörper ins Auge gelangen.*

3. Beim Radfahren ist dir sicher schon einmal ein Sandkorn oder eine Fliege ins Auge geflogen.

Beobachtung: *Tränendrüsen produzieren vermehrt Tränenflüssigkeit.*

*Fremdkörper wird zum Tränenkanal und durch die Nase nach außen geschwemmt.*




ISBN 3-12-030980-X

1. Benenne die dargestellten Schutzeinrichtungen für das Auge.

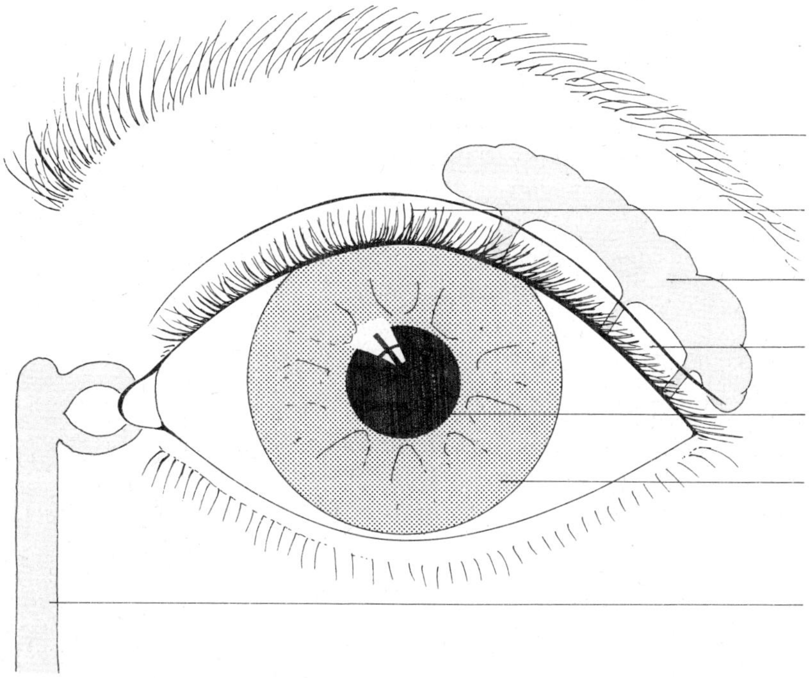

Bezeichnung

a ______

b ______

c ______

d ______

e ______

f ______

g ______

2. Führe die folgenden Versuche durch. Beobachte und notiere die Ergebnisse und erkläre jeweils die Aufgabe der einzelnen Schutzeinrichtungen des Auges.

a) Träufle einem Mitschüler einige Tropfen Wasser auf verschiedene Stellen der Stirn.

Beobachtung: ______

Aufgabe: ______

b) Lasse dicht vor der Stirn kleine Papierstückchen fallen.

Beobachtung: ______

Aufgabe: ______

c) Führe deine Hand schnell zum Auge deines Mitschülers, so als wolltest du ihm einen Stoß versetzen. Vorsicht! Rechtzeitig bremsen!

Beobachtung: ______

Aufgabe: ______

3. Beim Radfahren ist dir sicher schon einmal ein Sandkorn oder eine Fliege ins Auge geflogen.

Beobachtung: ______

______




ISBN 3-12-030980-X

1. Benenne die dargestellten Teile des Auges.

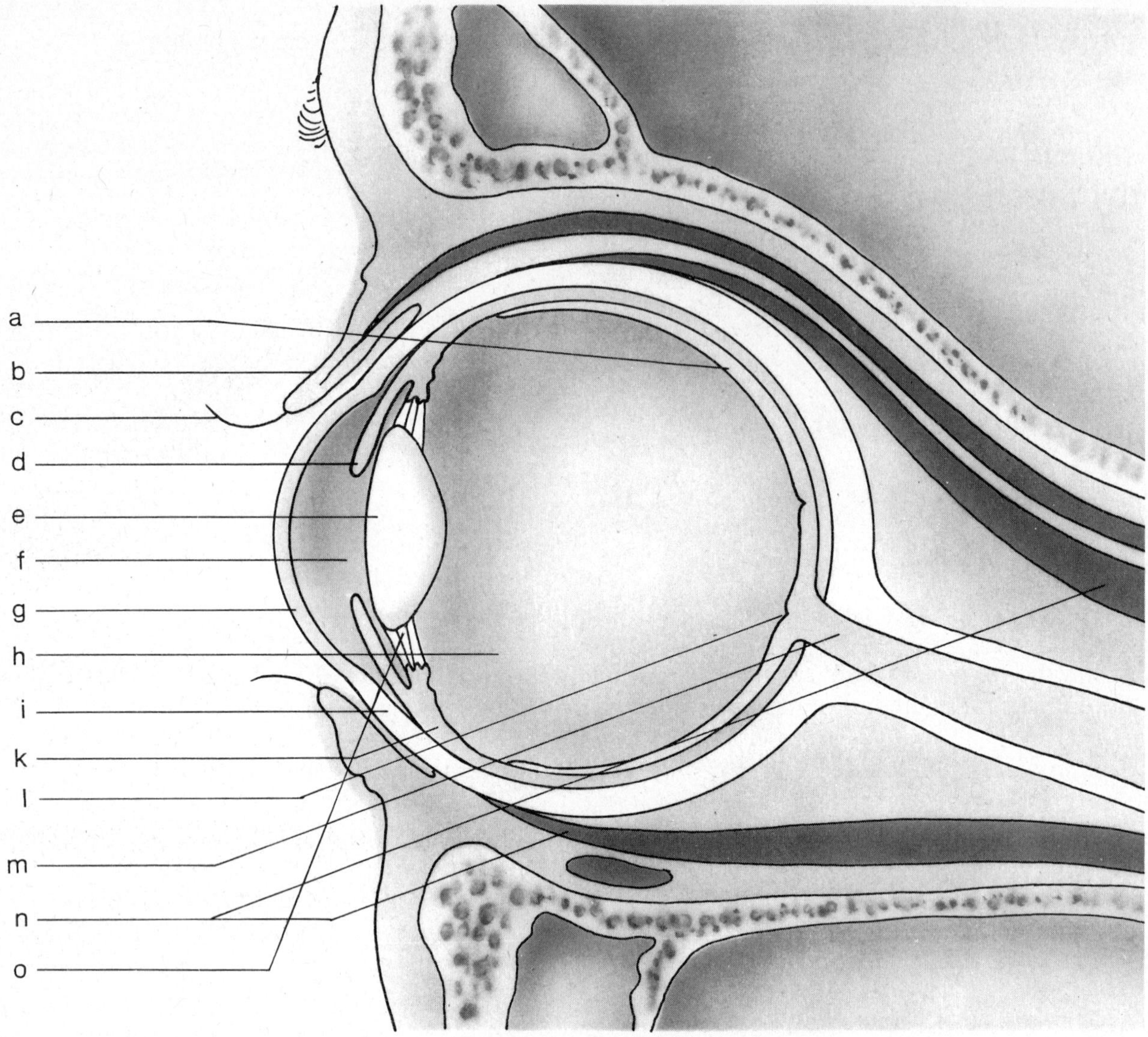


| | | | |
|---|---|---|---|
| a | *Netzhaut* | h | *Glaskörper* |
| b | *Lid* | i | *weiße Augenhaut* |
| c | *Wimper* | k | *Aderhaut* |
| d | *Iris* | l | *blinder Fleck* |
| e | *Linse* | m | *Sehnerv* |
| f | *Pupille* | n | *Augenmuskeln* |
| g | *Hornhaut* | o | *Ziliarfäden* |




ISBN 3-12-030980-X

1. Benenne die dargestellten Teile des Auges.

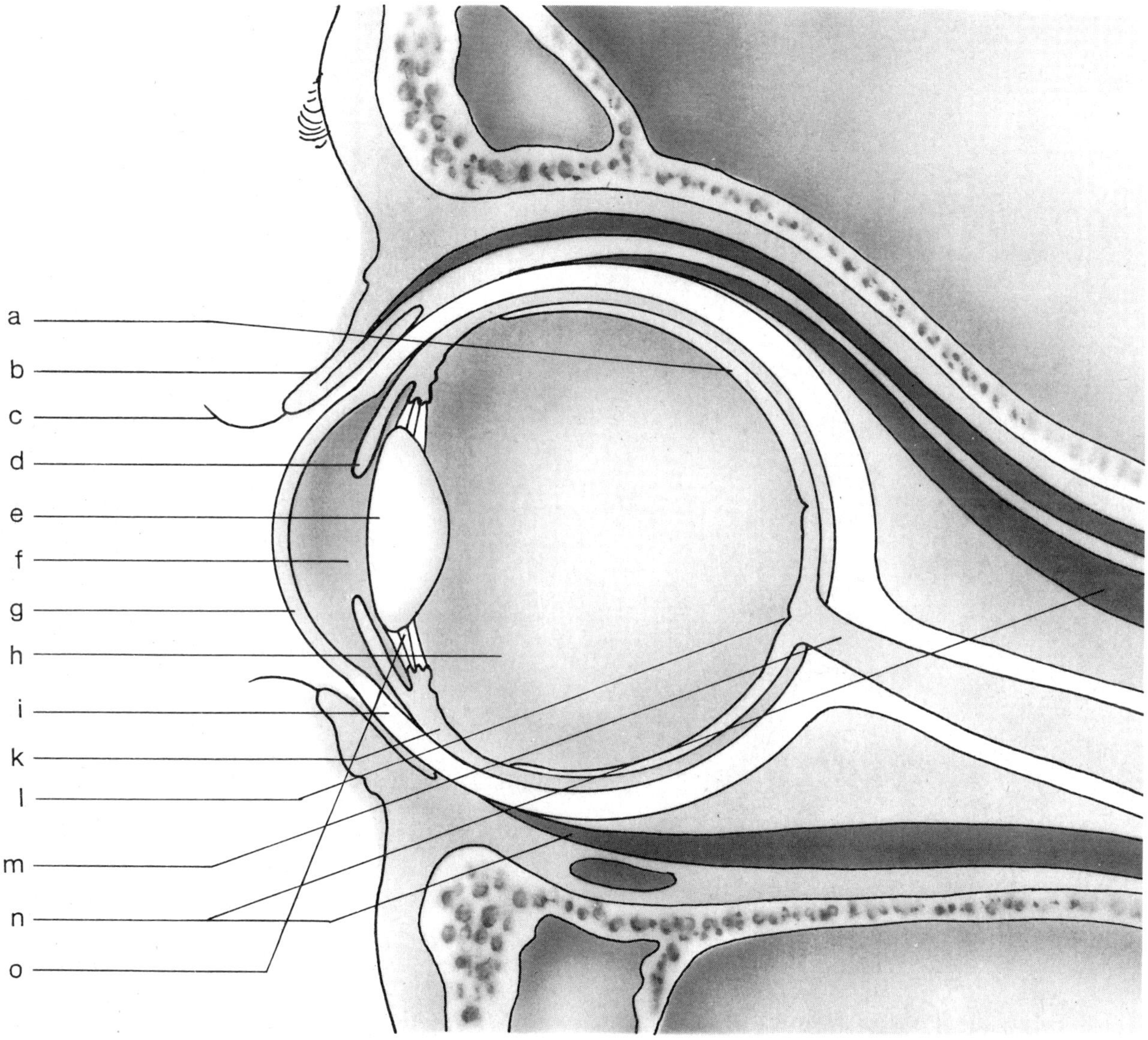


a ______________________ h ______________________

b ______________________ i ______________________

c ______________________ k ______________________

d ______________________ l ______________________

e ______________________ m ______________________

f ______________________ n ______________________

g ______________________ o ______________________




ISBN 3-12-030980-X

1. Benenne die dargestellten Zellen und Schichten der Netzhaut.
2. Male die einzelnen Schichten mit verschiedenen Farben an.

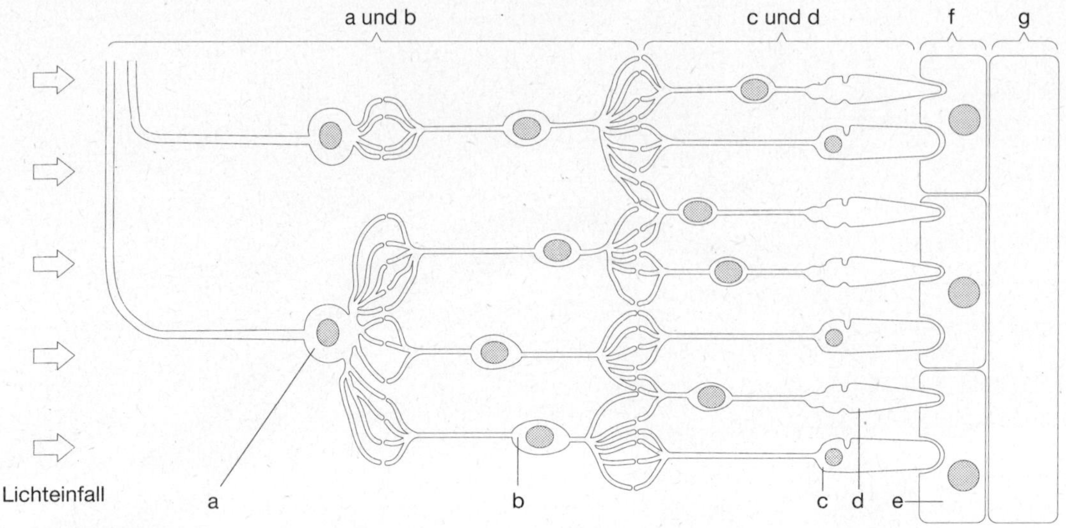


a *Nervenzelle*

b *Schaltzelle*

c *Zapfen*

d *Stäbchen*

e *Pigmentzelle*

a und b *Nervenzellen*

c und d *Lichtsinneszellen*

f *Pigmentschicht*

g *Aderhaut*

3. Welche Aufgaben haben die einzelnen Schichten der Netzhaut?

f *Pigmentzellen schützen die Lichtsinneszellen bei starkem Lichteinfall.*

c und d *Lichtsinneszellen wandeln Lichtreize in Erregungen um.*

a und b *Schaltzellen sammeln die Erregungen und geben sie an die Sehnervenzellen weiter. Diese leiten sie über ihre Nervenfasern an das Gehirn weiter.*

4. Beschreibe den Weg des Lichts durch das Auge. Nenne die Teile des Auges und die verschiedenen Schichten der Netzhaut in der richtigen Reihenfolge.

*Hornhaut, Augenkammer, Linse, Glaskörper, Schicht von Nerven- und Schaltzellen, Lichtsinneszellen, Pigmentschicht.*




ISBN 3-12-030980-X

1. Benenne die dargestellten Zellen und Schichten der Netzhaut.
2. Male die einzelnen Schichten mit verschiedenen Farben an.

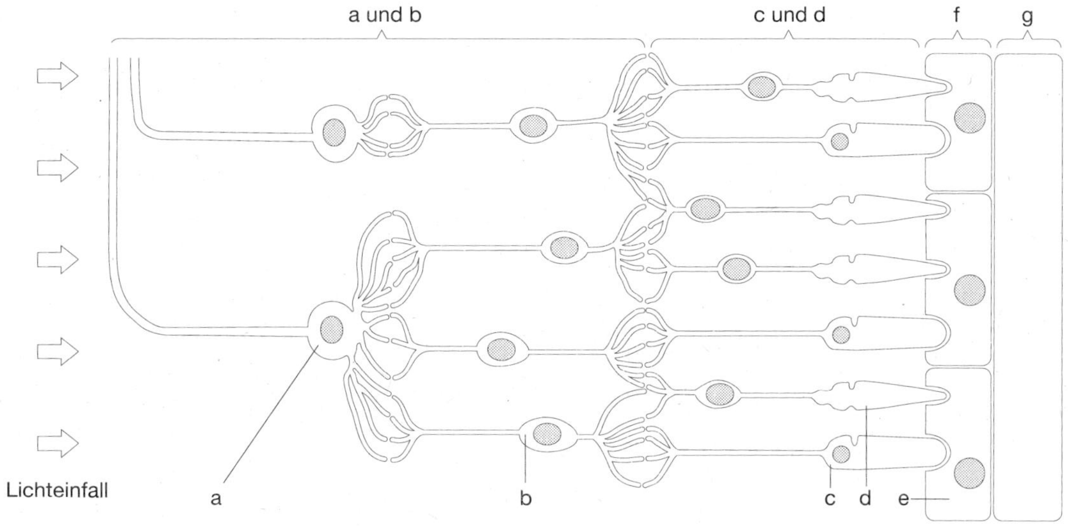


a ____________________ a und b ____________________

b ____________________ c und d ____________________

c ____________________ f ____________________

d ____________________ g ____________________

e ____________________

3. Welche Aufgaben haben die einzelnen Schichten der Netzhaut?

f ____________________

c und d ____________________

a und b ____________________

4. Beschreibe den Weg des Lichts durch das Auge. Nenne die Teile des Auges und die verschiedenen Schichten der Netzhaut in der richtigen Reihenfolge.




ISBN 3-12-030980-X

1. Schneide die Abbildungen der verschiedenen Lichtsinneszellen (unten auf diesem Blatt) aus und klebe sie in die richtige Spalte der Tabelle ein.
2. Fülle die Tabelle aus.

| | Stäbchen | Zapfen |
|---|---|---|
| Abbildung | 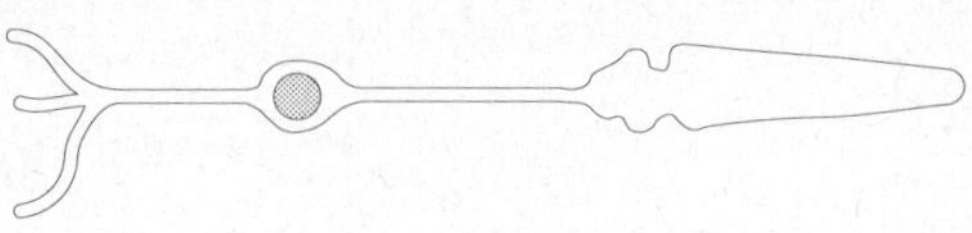 | 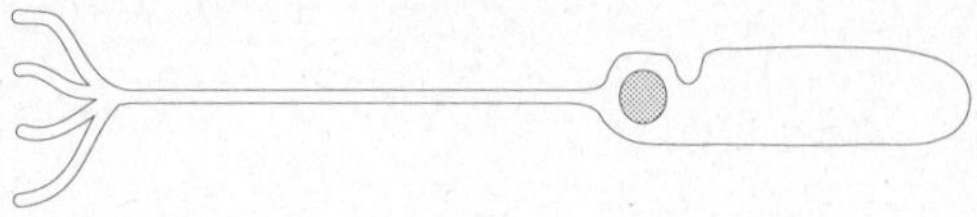 |
| Form/Bau | *langgestreckt, schlank* | *kürzer, dickbauchig,* |
| | | |
| Anzahl | *120 Millionen* | *6 Millionen* |
| Aufgaben | *nehmen Helligkeitsunterschiede auf,* | *ermöglichen das Farbensehen,* |
| | *dienen dem Sehen in der* | *dienen dem Sehen bei Tag* |
| | *Dämmerung* | |
| | | |
| | | |
| Verteilung in der Netzhaut | *liegen im Randbereich rings um* | *liegen hauptsächlich* |
| | *den gelben Fleck* | *im gelben Fleck* |
| | | |
| | | |
| Weiterleitung der Erregung zum Gehirn | *eine Schaltzelle übernimmt die* | *eine Schaltzelle übernimmt die* |
| | *Erregungen von mehreren Stäbchen* | *Erregung von einem Zapfen* |
| | | |
| | | |

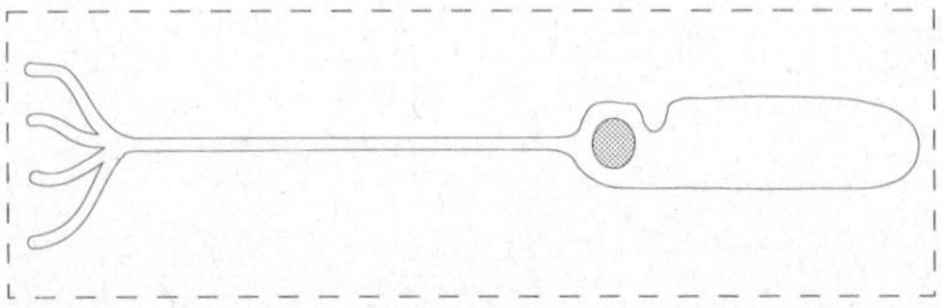

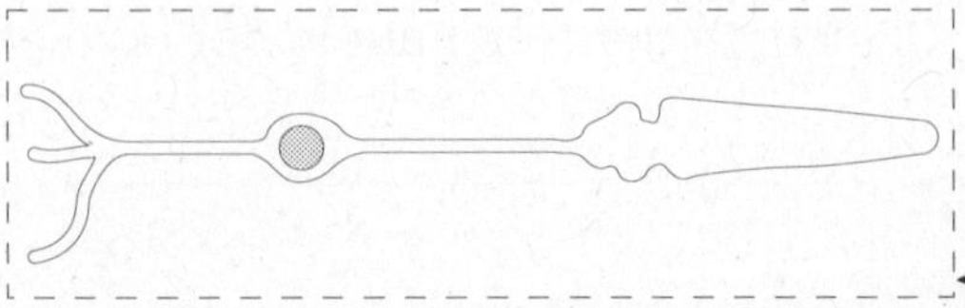




ISBN 3-12-030980-X

1. Schneide die Abbildungen der verschiedenen Lichtsinneszellen (unten auf diesem Blatt) aus und klebe sie in die richtige Spalte der Tabelle ein.
2. Fülle die Tabelle aus.

| | Stäbchen | Zapfen |
|---|---|---|
| Abbildung | | |
| Form/Bau | | |
| Anzahl | | |
| Aufgaben | | |
| Verteilung in der Netzhaut | | |
| Weiterleitung der Erregung zum Gehirn | | |

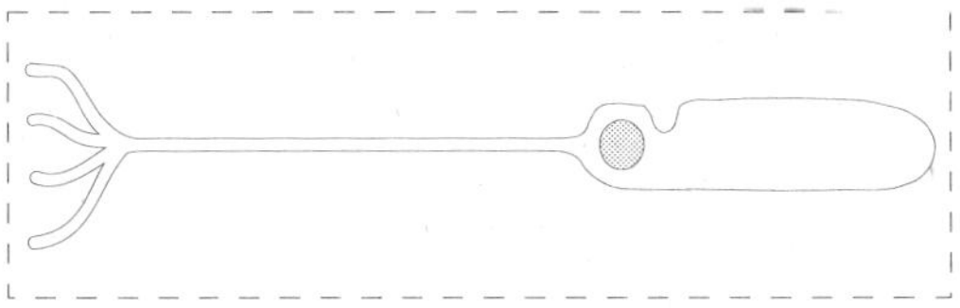

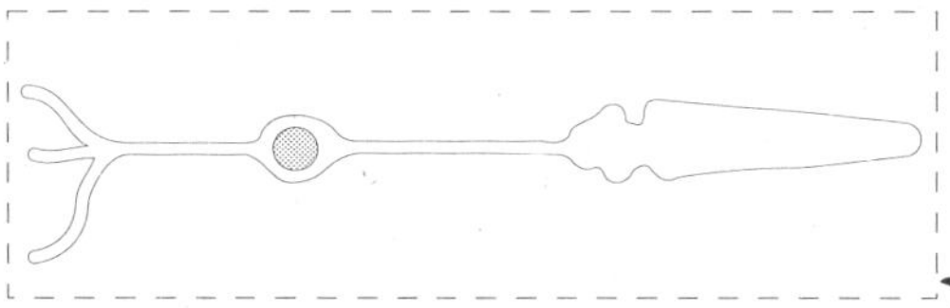




ISBN 3-12-030980-X

1. Die Verteilung der Stäbchen und Zapfen.
   Stelle dich hinter eine „Versuchsperson" und führe von der Seite her in einem Halbkreis in einem Abstand von 30 cm langsam einen farbigen Gegenstand in ihr Gesichtsfeld. Die Versuchsperson muss dabei unbedingt immer geradeaus schauen.
   Sobald sie eine Form oder Farbe des Gegenstandes erkennen kann, soll sie dies angeben.
   Führe den Versuch solange fort, bis die Versuchsperson den Gegenstand (Form und Farbe) richtig erkannt hat. Notiere deine Beobachtung und erkläre.

a) Beobachtung: *Zuerst wird die Form und erst später die Farbe erkannt.*

b) Erklärung: *Zuerst werden nur die seitlich liegenden Stäbchen gereizt, so dass zwar die Form, aber keine Farbe erkannt werden kann. Dann werden auch die Zapfen gereizt, und Farben können unterschieden werden.*

2. Erkläre das Sprichwort: „Nachts sind alle Katzen grau."
   *Bei geringem Lichteinfall werden nur die Stäbchen gereizt, die hell/dunkel aufnehmen, nicht aber die Zapfen, die dem Farbensehen dienen.*

3. Erkläre die Aussage: „Beim Sehvorgang werden chemische Reaktionen in Erregungen umgewandelt."
   *Wenn Lichtstrahlen auf die Lichtsinneszellen treffen, zerfällt in ihnen ein lichtempfindlicher Stoff, der Sehpurpur. Durch diese Reaktion entsteht eine Erregung, die über die Nerven zum Gehirn weitergeleitet wird. Der Sehpurpur wird danach wieder aufgebaut.*

4. Stell dir vor, du trittst von einem hellen Raum in einen dunklen.

a) Was stellst du fest? *Man sieht zunächst nichts.*

b) Erkläre. *Im Hellen ist viel Sehpurpur zerfallen. Beim schnellen Übergang ins Dunkle ist dann nicht mehr genug Sehpurpur vorhanden, weil er erst langsam wieder aufgebaut wird.*




ISBN 3-12-030980-X

1. Die Verteilung der Stäbchen und Zapfen.
   Stelle dich hinter eine „Versuchsperson“ und führe von der Seite her in einem Halbkreis in einem Abstand von 30 cm langsam einen farbigen Gegenstand in ihr Gesichtsfeld. Die Versuchsperson muss dabei unbedingt immer geradeaus schauen.
   Sobald sie eine Form oder Farbe des Gegenstandes erkennen kann, soll sie dies angeben.
   Führe den Versuch solange fort, bis die Versuchsperson den Gegenstand (Form und Farbe) richtig erkannt hat. Notiere deine Beobachtung und erkläre.

a) Beobachtung: ______________________

b) Erklärung: ______________________

2. Erkläre das Sprichwort: „Nachts sind alle Katzen grau.“

3. Erkläre die Aussage: „Beim Sehvorgang werden chemische Reaktionen in Erregungen umgewandelt.“

4. Stell dir vor, du trittst von einem hellen Raum in einen dunklen.

a) Was stellst du fest? ______________________

b) Erkläre. ______________________




ISBN 3-12-030980-X

1. Die Abbildung zeigt einen Schnitt durch das Auge.
a) Ergänze die Abbildung.
b) Benenne die dargestellten Teile des Auges.

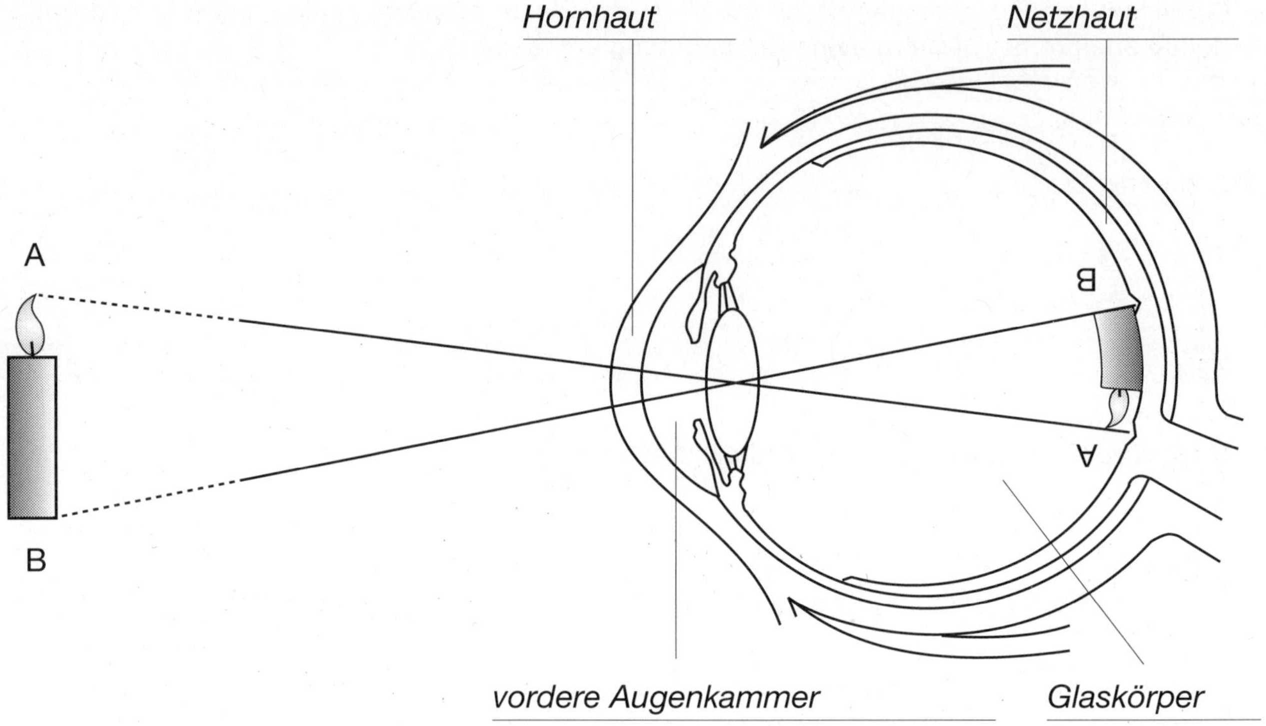


2. Vervollständige die Strahlengänge und zeichne an der richtigen Stelle der Netzhaut das Bild der Kerze ein.

3. Beschreibe den Strahlengang.

*Die von einem Gegenstand ausgehenden Lichtstrahlen gelangen unter geringer Ablenkung durch die Hornhaut und das Kammerwasser der vorderen Augenkammer zur Linse. Die Linse bricht die Lichtstrahlen je nach Wölbung mehr oder weniger stark, so dass ein Bild des Gegenstandes genau auf der Netzhaut entsteht.*

4. Vergleiche die Bilder, die auf der Netzhaut entstehen, mit dem Gegenstand.

*Verkleinert, seitenverkehrt, auf dem Kopf stehend.*




ISBN 3-12-030980-X

1. Die Abbildung zeigt einen Schnitt durch das Auge.
a) Ergänze die Abbildung.
b) Benenne die dargestellten Teile des Auges.

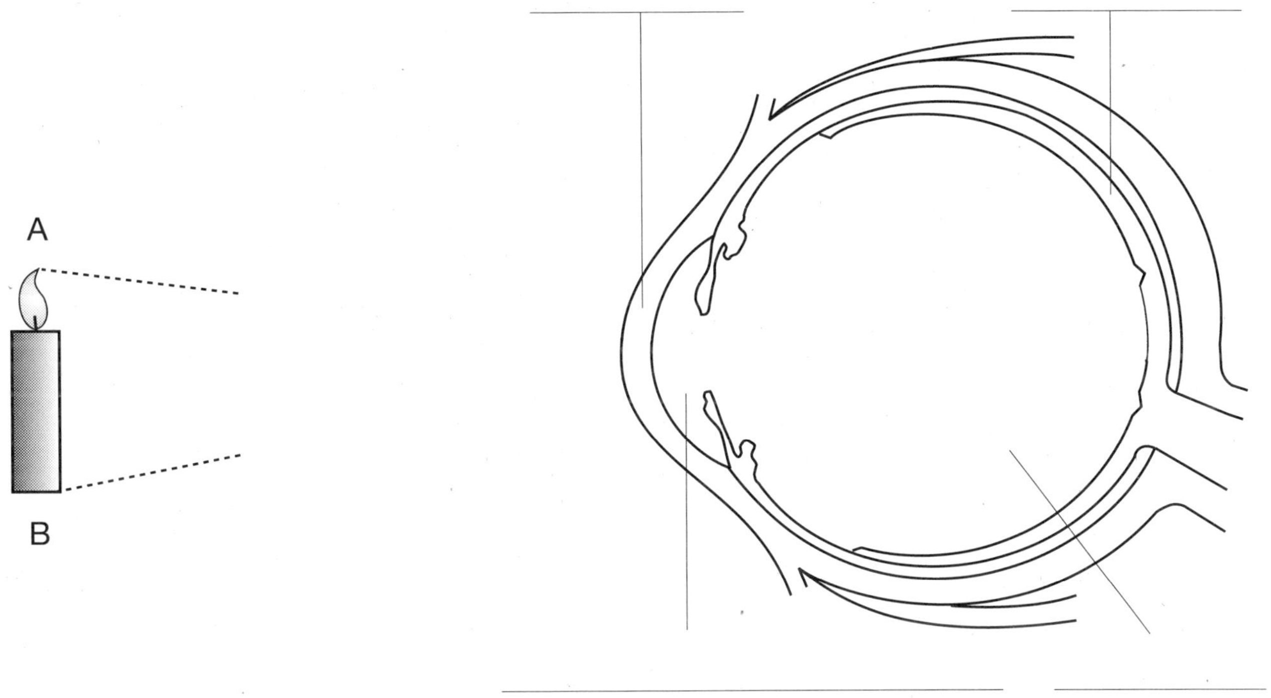


2. Vervollständige die Strahlengänge und zeichne an der richtigen Stelle der Netzhaut das Bild der Kerze ein.

3. Beschreibe den Strahlengang.

4. Vergleiche die Bilder, die auf der Netzhaut entstehen, mit dem Gegenstand.



ISBN 3-12-030980-X

1. Halte einen Bleistift ca. 30 cm vor deine Augen. Schließe ein Auge und fixiere mit dem anderen Auge abwechselnd die Bleistiftspitze und einen weiter entfernten Gegenstand dahinter. Was kannst du feststellen?

   *Betrachtet man die Bleistiftspitze, so sieht man den Gegenstand dahinter unscharf.*

   *Fixiert man dagegen den entfernten Gegenstand, so sieht man die Bleistiftspitze unscharf.*

2. Halte diesen Text so nahe vor deine Augen, dass du die Schrift gerade noch deutlich lesen kannst. Wenn du eine Brille trägst, nimm sie vorher ab. Lasse nun den Abstand zwischen deiner Stirn und dem Arbeitsblatt von einem Mitschüler messen. Man bezeichnet das als Nahpunktbestimmung. Sammele verschiedene Messergebnisse in deiner Klasse, von deinen Eltern und von deinen Großeltern. Was kannst du feststellen?
   Der eigene Nahpunkt liegt bei ____________ cm.

   Messergebnisse in der Klasse: ____________ cm.

   Messergebnisse bei den Eltern und Großeltern: ____________ cm.

   Feststellung: *Der Nahpunkt ist bei allen Schülern (ohne Sehfehler) etwa gleich weit entfernt.*

   *Je älter ein Mensch wird, desto weiter rückt der Nahpunkt vom Auge weg.*

3. Beschrifte die Abbildungen und beschreibe in Stichwörtern jeweils den Zustand der einzelnen Bauteile.

a) Einstellung zum Sehen *in die Ferne*

b) Einstellung zum Sehen *in der Nähe*

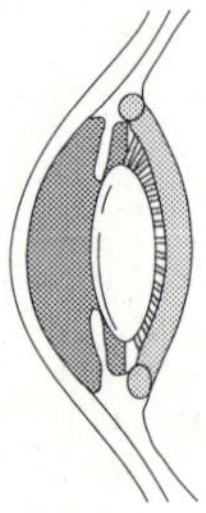

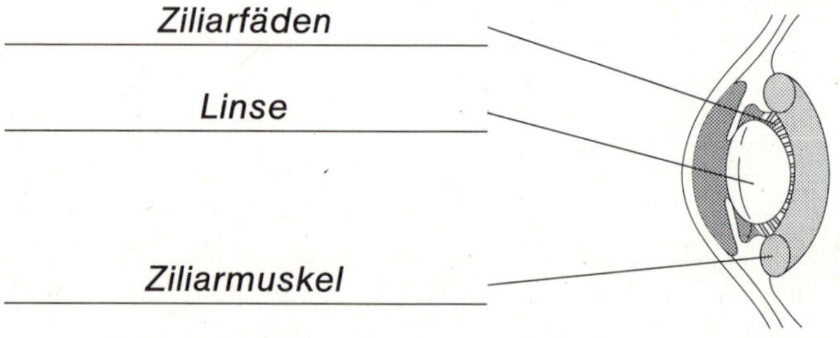


a) *Der Ziliarmuskel ist entspannt,*
*die Ziliarfäden sind straff,*
*die Linse ist flach,*
*die Brechkraft ist gering.*

b) *Der Ziliarmuskel zieht sich zusammen,*
*die Ziliarfäden sind locker,*
*die Linse ist gewölbt,*
*die Brechkraft ist größer.*




ISBN 3-12-030980-X

1. Halte einen Bleistift ca. 30 cm vor deine Augen. Schließe ein Auge und fixiere mit dem anderen Auge abwechselnd die Bleistiftspitze und einen weiter entfernten Gegenstand dahinter. Was kannst du feststellen?

2. Halte diesen Text so nahe vor deine Augen, dass du die Schrift gerade noch deutlich lesen kannst. Wenn du eine Brille trägst, nimm sie vorher ab. Lasse nun den Abstand zwischen deiner Stirn und dem Arbeitsblatt von einem Mitschüler messen. Man bezeichnet das als Nahpunktbestimmung. Sammele verschiedene Messergebnisse in deiner Klasse, von deinen Eltern und von deinen Großeltern. Was kannst du feststellen?
Der eigene Nahpunkt liegt bei ______ cm.

Messergebnisse in der Klasse: ______ cm.

Messergebnisse bei den Eltern und Großeltern: ______ cm.

Feststellung: ______

3. Beschrifte die Abbildungen und beschreibe in Stichwörtern jeweils den Zustand der einzelnen Bauteile.

a) Einstellung zum Sehen ______

b) Einstellung zum Sehen ______

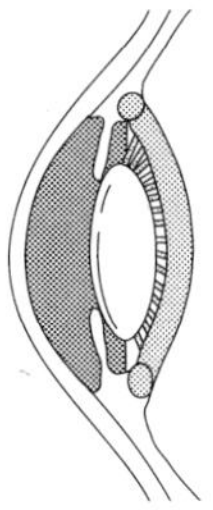

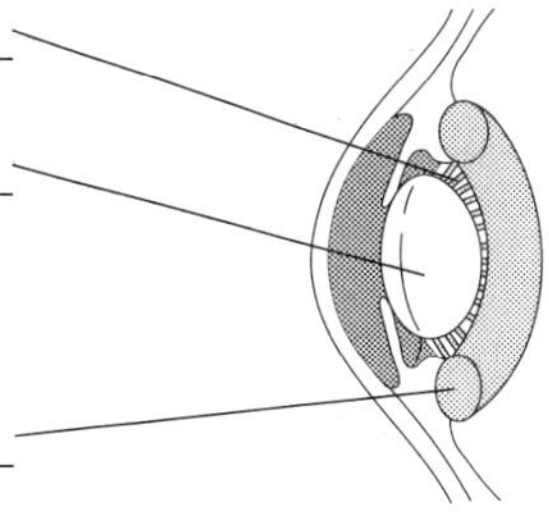




ISBN 3-12-030980-X

1. Benenne die Augenfehler und beschreibe sie.
2. Gib an, wie die Augenfehler korrigiert werden können, und zeichne jeweils ein, wie der Strahlengang durch eine Brille verändert wird.

Bezeichnung: *Kurzsichtigkeit*

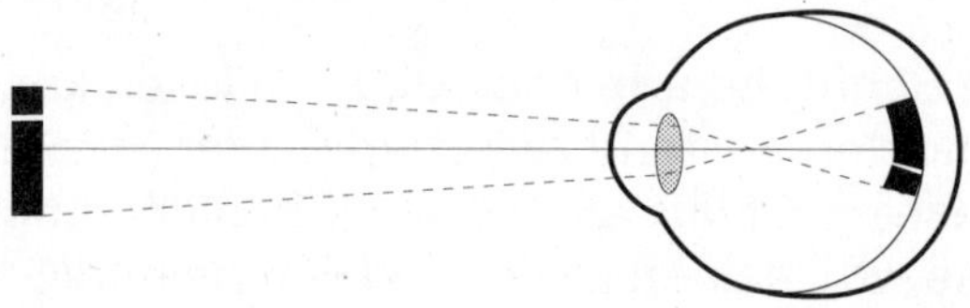

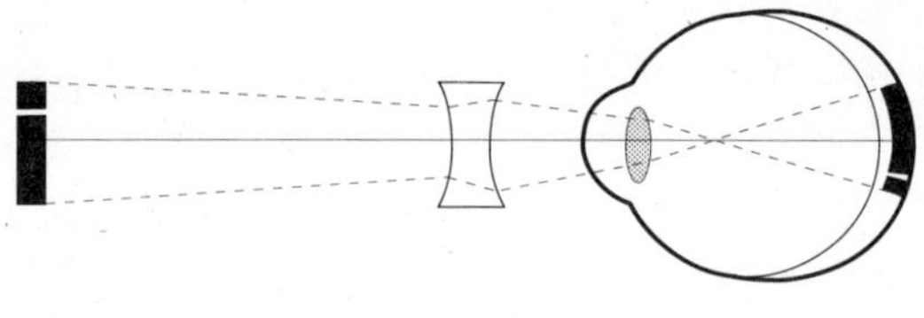

Beschreibung: *Abstand zwischen Linse und Netzhaut ist zu groß, ein scharfes Bild entsteht schon vor der Netzhaut.*

Korrektur: *Eine Zerstreuungslinse rückt den Brennpunkt weiter nach hinten, so dass auf der Netzhaut ein scharfes Bild entsteht.*

Bezeichnung: *Weitsichtigkeit*

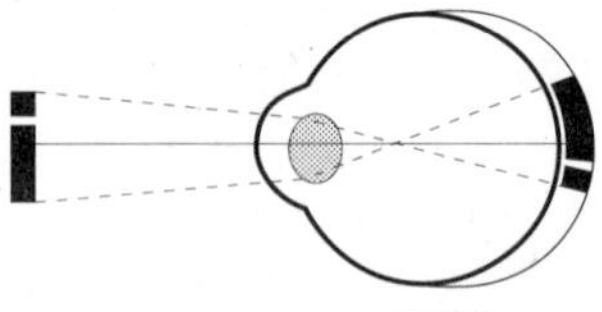

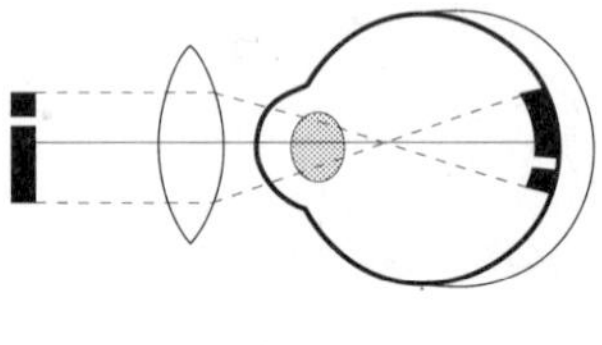

Beschreibung: *Der Abstand zwischen Linse und der Netzhaut ist zu gering, ein scharfes Bild entsteht erst hinter der Netzhaut.*

Korrektur: *Eine Sammellinse unterstützt die Brechkraft der Linse, so dass auf der Netzhaut ein scharfes Bild entsteht.*

Bezeichnung: *Alterssichtigkeit*

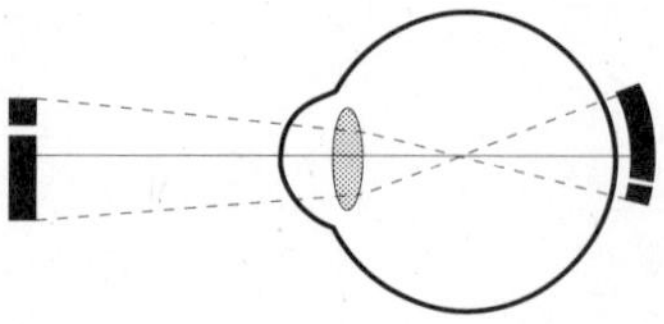

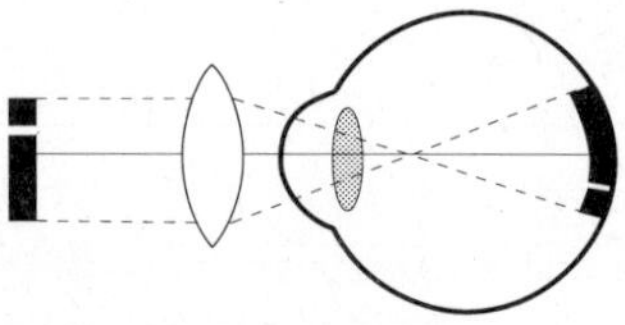

Beschreibung: *Die Linse verliert ihre Elastizität. Eine starke Wölbung ist nicht mehr möglich und damit auch kein scharfes Sehen in der Nähe. Sehen in der Ferne ist weiterhin gut.*

Korrektur: *Eine Sammellinse unterstützt die Linse beim Sehen in der Nähe.*




ISBN 3-12-030980-X

1. Benenne die Augenfehler und beschreibe sie.
2. Gib an, wie die Augenfehler korrigiert werden können, und zeichne jeweils ein, wie der Strahlengang durch eine Brille verändert wird.

Bezeichnung:

Beschreibung:

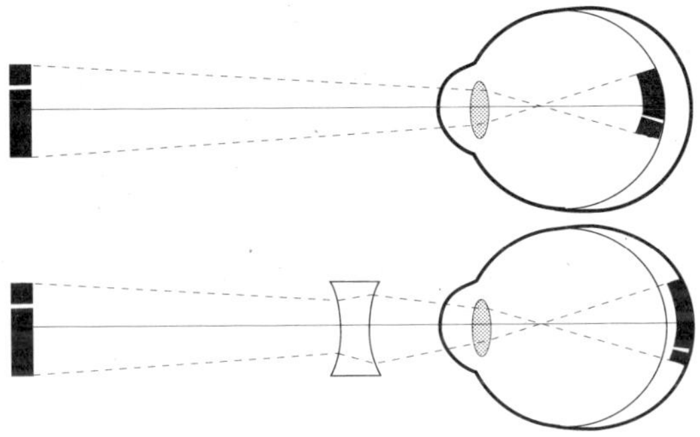

Korrektur:

Bezeichnung:

Beschreibung:

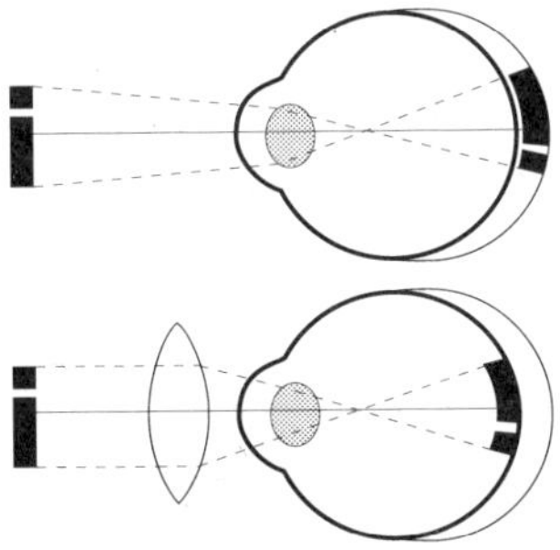

Korrektur:

Bezeichnung:

Beschreibung:

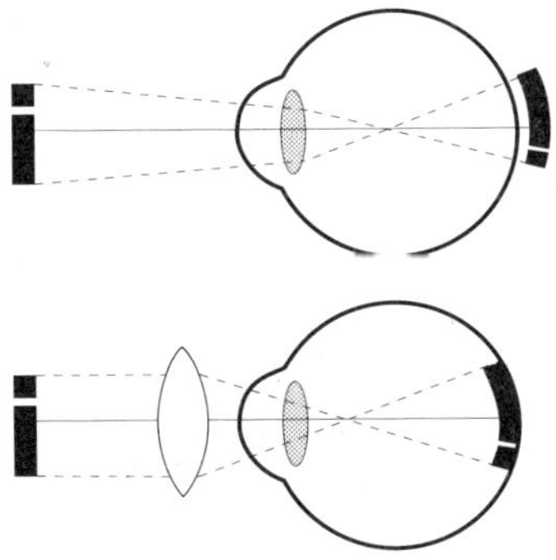

Korrektur:



 ISBN 3-12-030980-X

1. Halte in einer Hand eine mit Wasser gefüllte Flasche und in der anderen Hand ein Reagenzglas. Schließe ein Auge und versuche dann, mit angewinkelten Armen Wasser aus der Flasche in das Reagenzglas zu gießen. Wasserflasche und Reagenzglas dürfen sich beim Umschütten aber nicht berühren. Was beobachtest du?

   *Es ist schwierig, das Reagenzglas zu treffen.*

2. Halte mit leicht angewinkelten Armen zwei Stifte weit auseinander vor dich, schließe ein Auge und führe die beiden Stifte so aufeinander zu, dass sich die beiden Spitzen in der Mitte treffen. Was beobachtest du?

   *Es gelingt kaum, die beiden Spitzen aufeinander treffen zu lassen.*

3. Erkläre die Beobachtungen, die du bei den beiden Versuchen gemacht hast.

   *Die Gegenstände werden jeweils nur aus einem Blickwinkel wahrgenommen und die Information darüber ans Sehzentrum im Gehirn weitergeleitet. Die Entfernungsbestimmung kann im Gehirn nur unvollständig geleistet werden.*

4. Welche Vorteile haben wir, dadurch dass wir räumlich sehen können?

   *Entfernungen können richtig eingeschätzt werden.*

5. Beschreibe mit Hilfe der schematischen Darstellung die Entstehung eines räumlichen Bildes.

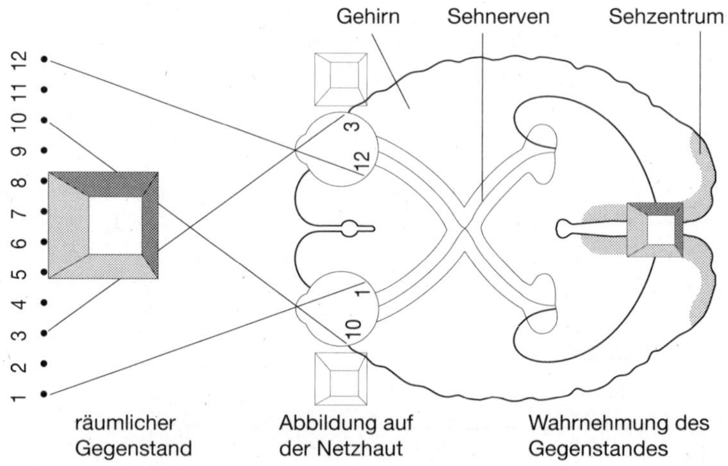


   *Der Gegenstand wird in jedem Auge aus einem anderen Blickwinkel auf der Netzhaut abgebildet, dabei überlappen sich die Sehfelder beider Augen teilweise (3–10). An das Sehzentrum im Gehirn gelangen über die Sehnerven zwei verschiedene querversetzte „Bilder“ des einen Gegenstandes. Das Gehirn hat gelernt, aus zwei derartig ähnlichen Erregungen von querversetzten Bildern ein räumliches Bild wahrzunehmen.*




ISBN 3-12-030980-X

1. Halte in einer Hand eine mit Wasser gefüllte Flasche und in der anderen Hand ein Reagenzglas. Schließe ein Auge und versuche dann, mit angewinkelten Armen Wasser aus der Flasche in das Reagenzglas zu gießen. Wasserflasche und Reagenzglas dürfen sich beim Umschütten aber nicht berühren. Was beobachtest du?

2. Halte mit leicht angewinkelten Armen zwei Stifte weit auseinander vor dich, schließe ein Auge und führe die beiden Stifte so aufeinander zu, dass sich die beiden Spitzen in der Mitte treffen. Was beobachtest du?

3. Erkläre die Beobachtungen, die du bei den beiden Versuchen gemacht hast.

4. Welche Vorteile haben wir, dadurch dass wir räumlich sehen können?

5. Beschreibe mit Hilfe der schematischen Darstellung die Entstehung eines räumlichen Bildes.

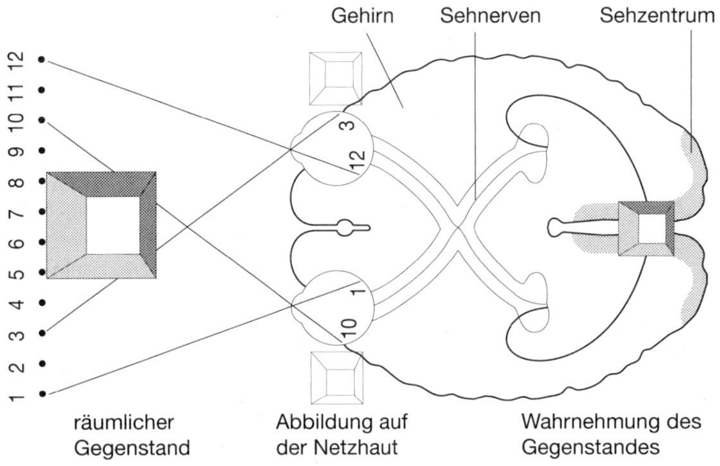






ISBN 3-12-030980-X

1. Ergänze den folgenden Text.

Für viele Sehvorgänge, wie zum Beispiel Akkommodation oder Aufrechtsehen, ist die *Zusammenarbeit* von *Auge* und *Gehirn* erforderlich.

Das Gehirn bedient sich bei der Auswertung der Bilder unbewusst der Erfahrungen, die im Laufe des Lebens eines Menschen im Gehirn gespeichert worden sind.

2. Betrachte die Abbildungen und beschreibe, was du siehst, Erkläre.

a) Umspringbild

Beschreibung: *junge Frau/alte Frau*

Erklärung: *Man sieht entweder ein junges Mädchen oder eine alte Frau, obwohl auf die Netzhaut aller Betrachter das gleiche Bild fällt. Je nach Bildverarbeitung im Gehirn erkennt man zuerst das eine oder das andere Bild. Bei längerem Hinsehen springt jedoch das eine Bild plötzlich in das andere um.*

b) Kontrastbild

Beschreibung: *drei verschieden große Figuren*

Erklärung: *Die Umgebung des dargestellten Gegenstandes, also der perspektivisch gezeichnete Raum, wird in die Auswertung mit einbezogen. Im Gehirn ist die Erfahrung gespeichert, dass in einem solchen Fall die weiterentfernte Figur die größere ist.*

ISBN 3-12-030980-X

______________________________

1. Ergänze den folgenden Text.

Für viele Sehvorgänge, wie zum Beispiel Akkommodation oder Aufrechtsehen, ist die

______________ von ______________ und ______________ erforderlich.

Das Gehirn bedient sich bei der Auswertung der Bilder unbewusst der Erfahrungen, die im Laufe des Lebens eines Menschen im Gehirn gespeichert worden sind.

2. Betrachte die Abbildungen und beschreibe, was du siehst, Erkläre.

a) Umspringbild

Beschreibung: ______________________________

Erklärung: ______________________________

b) Kontrastbild

Beschreibung: ______________________________

Erklärung: ______________________________

 ISBN 3-12-030980-X

1. Schneide einen rechteckigen Karton (4 cm breit und 7 cm lang) aus. Schneide dann die beiden Abbildungen unten auf dieser Seite aus und klebe sie auf die Vorder- und Rückseite des Kartons. Stanze mit einem Locher rechts und links ein Loch in den Karton und bringe rechts und links jeweils ein Gummiband an. Drehe den Karton und halte dabei die beiden Gummienden fest. Lasse nach einigen Umdrehungen den Karton los, halte aber die Gummienden weiter fest. Was beobachtest du?

   *Der Eisbär ist hinter den Gitterstäben.*

2. Vergleiche den Versuch mit dem doppelseitig beklebten Karton, der sich dreht, mit einem Zeichentrickfilm. Berichte.

   *Bei beiden kann man die Einzelbilder nicht mehr unterscheiden.*

3. Erkläre deine Beobachtungen.

   *Wir können in einer Sekunde 18 Einzelbilder wahrnehmen. Erhöht sich die Anzahl der Bilder in einer Sekunde, verschmelzen die Bilder ineinander. Im Gehirn entsteht der Eindruck einer Bewegung.*

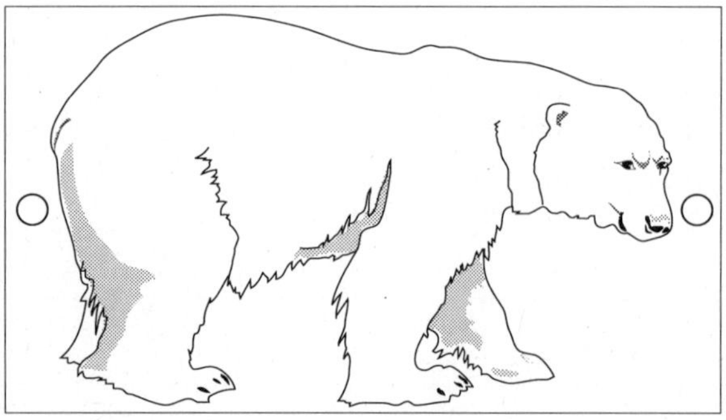

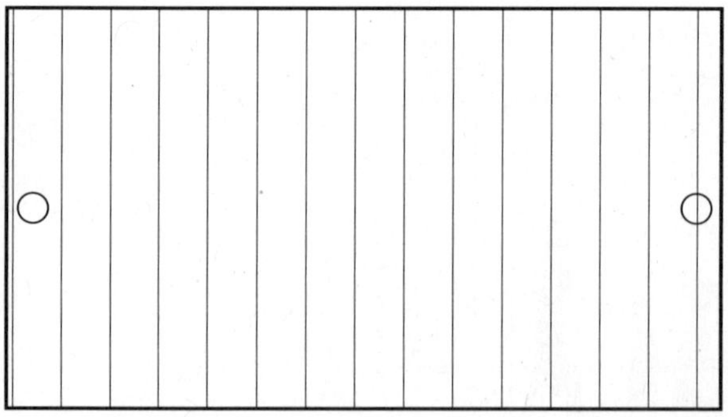




ISBN 3-12-030980-X

1. Schneide einen rechteckigen Karton (4 cm breit und 7 cm lang) aus. Schneide dann die beiden Abbildungen unten auf dieser Seite aus und klebe sie auf die Vorder- und Rückseite des Kartons. Stanze mit einem Locher rechts und links ein Loch in den Karton und bringe rechts und links jeweils ein Gummiband an. Drehe den Karton und halte dabei die beiden Gummienden fest. Lasse nach einigen Umdrehungen den Karton los, halte aber die Gummienden weiter fest. Was beobachtest du?

2. Vergleiche den Versuch mit dem doppelseitig beklebten Karton, der sich dreht, mit einem Zeichentrickfilm. Berichte.

3. Erkläre deine Beobachtungen.

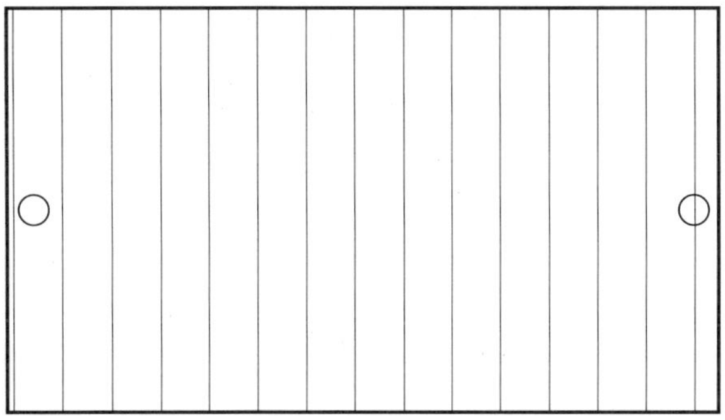



 ISBN 3-12-030980-X

1. Benenne die dargestellten Teile des Ohres und gib an, welche Aufgaben sie beim Hörvorgang haben.

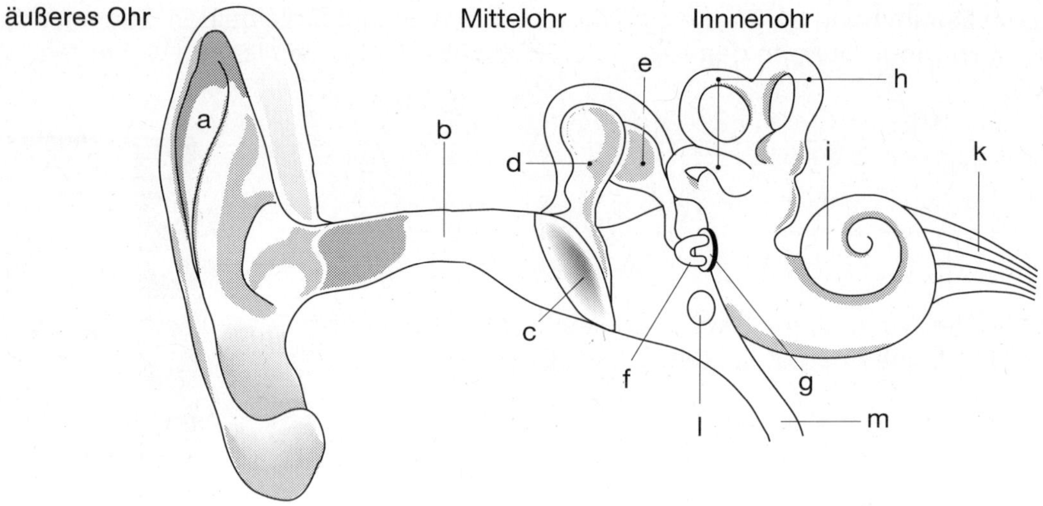


| | Bezeichnung | Aufgaben |
|---|---|---|
| a | *Ohrmuschel* | *fängt Schallwellen ein* |
| b | *Gehörgang* | *leitet Schallwellen zum Trommelfell* |
| c | *Trommelfell* | *setzt Luftschwingungen in mechanische um* |
| d | *Hammer* | *nimmt Schwingung des Trommelfells auf* |
| e | *Amboss* | *Kraftverstärkung* |
| f | *Steigbügel* | *Druck gegen ovales Fenster* |
| g | *ovales Fenster* | *elastisch, setzt Gehörwasser in Bewegung* |
| h | *Bogengänge* | *Gleichgewichtsorgan* |
| i | *Schnecke* | *Sitz der Hörsinneszellen* |
| k | *Hörnerv* | *leitet Erregungen zum Gehirn* |
| l | *rundes Fenster* | *dient dem Druckausgleich in der Schnecke* |
| m | *Ohrtrompete* | *Verbindung von Mittelohr und Rachenraum* |

2. Welche Teile sind nicht am Hörvorgang beteiligt?

*Bogengänge (Gleichgewichtsorgan)*




ISBN 3-12-030980-X

1. Benenne die dargestellten Teile des Ohres und gib an, welche Aufgaben sie beim Hörvorgang haben.

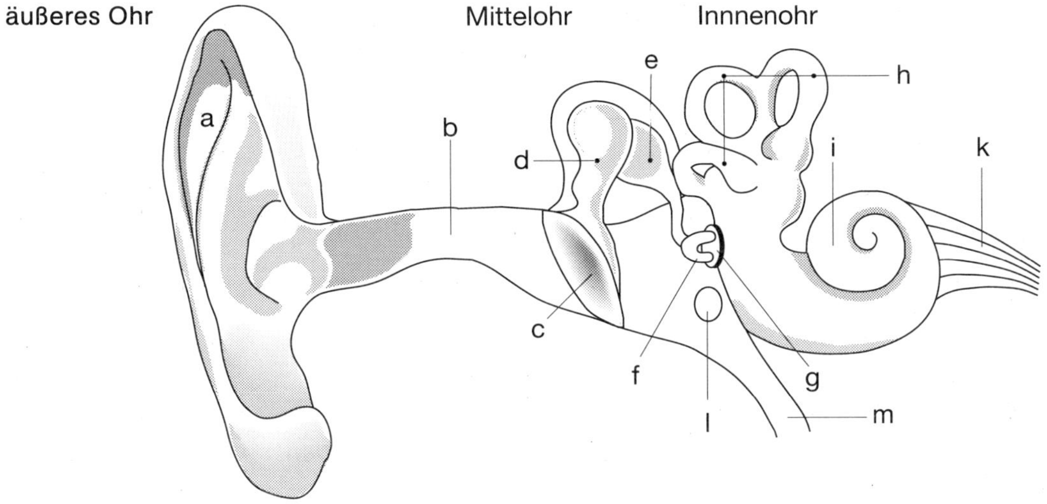


| | Bezeichnung | Aufgaben |
|---|---|---|
| a | | |
| b | | |
| c | | |
| d | | |
| e | | |
| f | | |
| g | | |
| h | | |
| i | | |
| k | | |
| l | | |
| m | | |

2. Welche Teile sind nicht am Hörvorgang beteiligt?





ISBN 3-12-030980-X

1. Benenne die im Längsschnitt dargestellten Teile des Innenohrs.

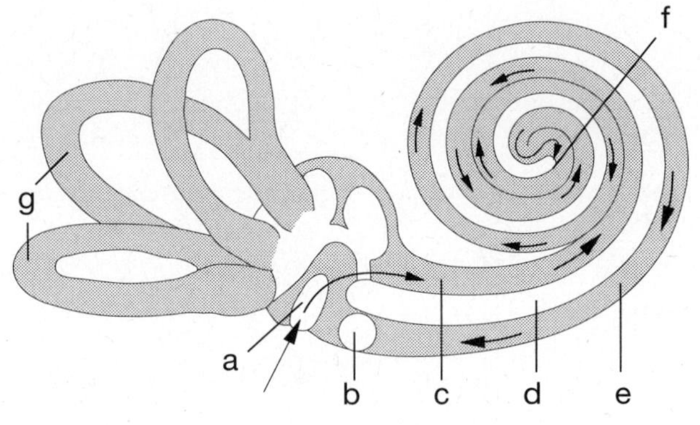


a *ovales Fenster*

b *rundes Fenster*

c *Vorhofgang*

d *Schneckengang*

e *Paukengang*

f *Schneckentor*

g *Bogengänge (Gleichgewichtsorgan)*

2. Kennzeichne mit einem Farbstift den Verlauf der Druckwellen in der Schnecke.

3. Die Abbildung zeigt einen Querschnitt durch die Schnecke. Beschrifte.

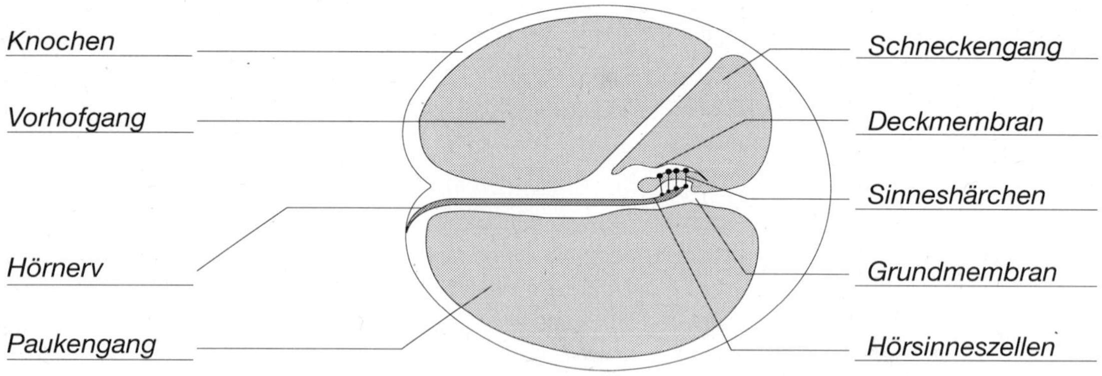


4. Ergänze die fehlen Begriffe.

Der Steigbügel überträgt die Schwingungen über das *ovale* Fenster auf das Gehörwasser in *Vorhofgang*, *Schneckentor* und *Paukengang*.

Zum Druckausgleich wird das *runde* Fenster nach außen gewölbt. Wenn die Schwingungen auf die *Grundmembran* treffen, werden die *Sinneshärchen* der *Hörsinneszellen* gegen die *Deckmembran* gedrückt und gereizt. Die *Hörsinneszellen* geben dann eine Erregung über den *Hörnerv* zum Gehirn weiter.




ISBN 3-12-030980-X

# Der Hörvorgang im Innenohr

1. Benenne die im Längsschnitt dargestellten Teile des Innenohrs.

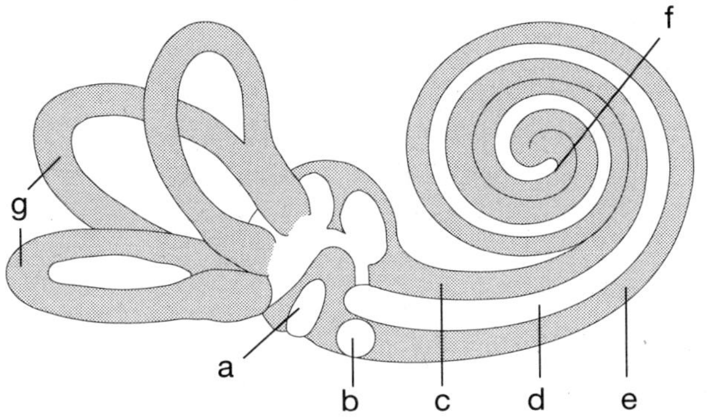


a ______
b ______
c ______
d ______
e ______
f ______
g ______

2. Kennzeichne mit einem Farbstift den Verlauf der Druckwellen in der Schnecke.

3. Die Abbildung zeigt einen Querschnitt durch die Schnecke. Beschrifte.

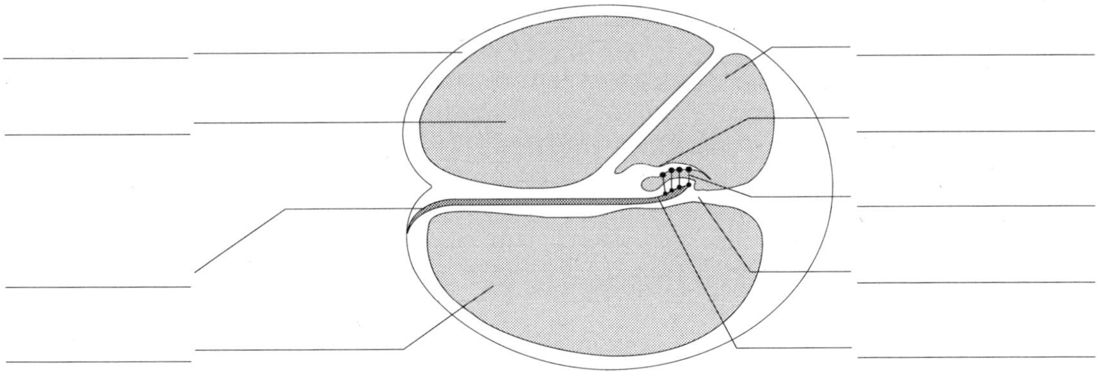

4. Ergänze die fehlen Begriffe.

Der Steigbügel überträgt die Schwingungen über das ______ Fenster auf das Gehörwasser in ______, ______ und ______.

Zum Druckausgleich wird das ______ Fenster nach außen gewölbt. Wenn die Schwingungen auf die ______ treffen, werden die ______ der ______ gegen die ______ gedrückt und gereizt.

Die ______ geben dann eine Erregung über den ______ zum Gehirn weiter.




ISBN 3-12-030980-X

1. Beschrifte die Abbildung.

*Bogengänge*

*Drehsinnesorgan*

*Lagesinnesorgan*

*Schnecke*

2. Die schematischen Darstellungen zeigen das *Drehsinnesorgan* in Ruhe und Bewegung.
Beschrifte die Abbildung und erkläre die Arbeitsweise.

*– Nervenfasern*

*– Sinneszellen*

*– Sinneshärchen*

*– Gallerte*

*– Bogengang*

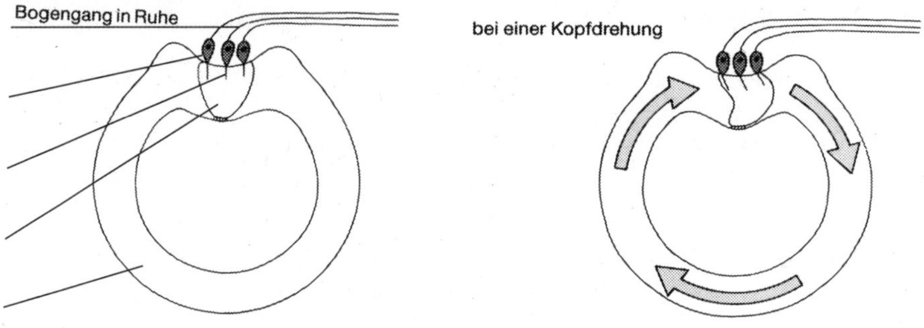


Arbeitsweise: *Bei einer Drehung des Kopfes bewegt sich die träge Flüssigkeit im Bogengang nicht mit. Die Gallerte wird dadurch ausgebeult und die Sinneshärchen werden gebogen. Dadurch werden die Sinneszellen gereizt und leiten die Erregung zum Gehirn.*

3. Die schematischen Darstellungen zeigen das *Lagesinnesorgan*.
Beschrifte die Abbildung und erkläre die Arbeitsweise.

*Kristalle*

*Gallerte*

*Sinneshärchen*

*Sinneszellen*

*Nervenfasern*

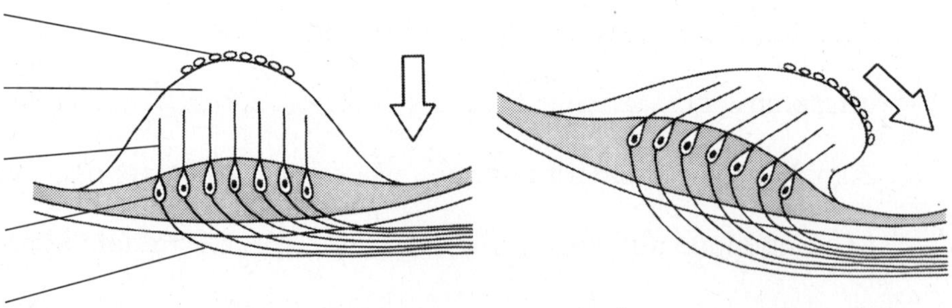

Arbeitsweise: *Bei einer Neigung des Kopfes verschiebt sich die Gallerte mit den Kristallen, so dass die Sinneshärchen umgebogen werden. Die Sinneszellen werden gereizt und leiten die Erregung zum Gehirn.*




ISBN 3-12-030980-X

## Die Gleichgewichtsorgane

1. Beschrifte die Abbildung.

2. Die schematischen Darstellungen zeigen das ______________ in Ruhe und Bewegung.
Beschrifte die Abbildung und erkläre die Arbeitsweise.

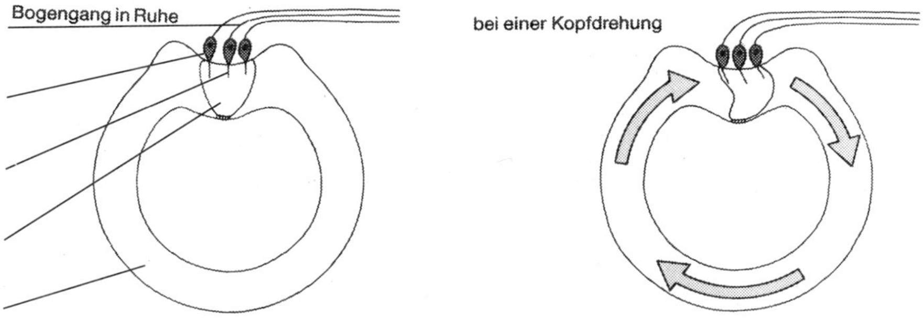


Arbeitsweise: ______________

3. Die schematischen Darstellungen zeigen das ______________.
Beschrifte die Abbildung und erkläre die Arbeitsweise.

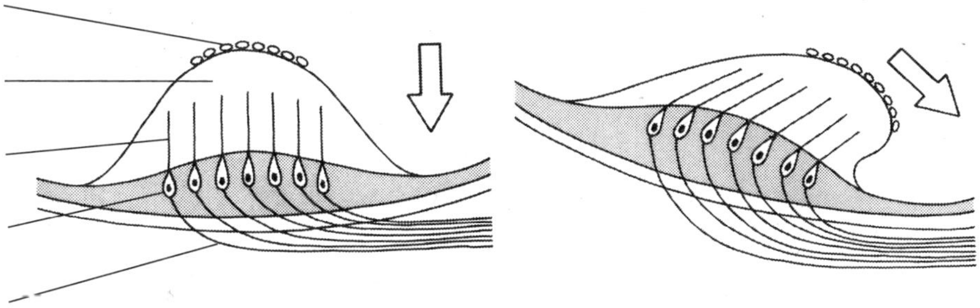

Arbeitsweise: ______________




ISBN 3-12-030980-X

1. Die Zungenoberfläche trägt zahlreiche warzenförmige Erhebungen, die Geschmackspapillen. Benenne die verschiedenen Formen.

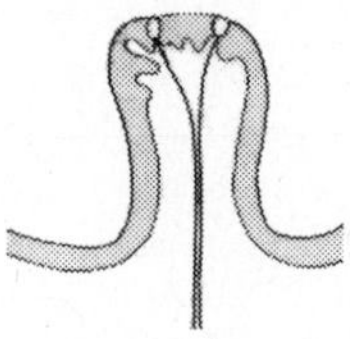

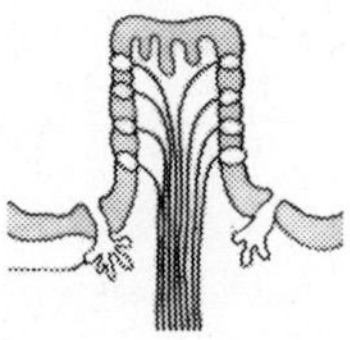

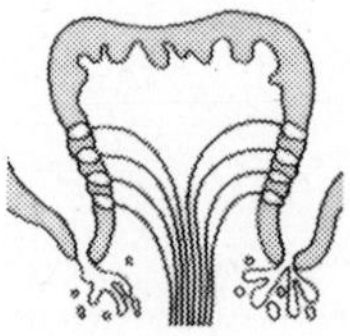

*Pilzpapille* | *Blätterpapille* | *Wallpapille*

2. Ergänze den Text.

In der Wand der Geschmackspapillen liegen die *Geschmacksknospen*.

Sie reagieren auf *chemische Stoffe*. Damit wir diese schmecken können,

müssen sie *gelöst* vorliegen.

3. Beschrifte den Umriß der Zunge und gib an, welche Formen der Geschmackspapillen an den jeweiligen Stellen besonders häufig vorkommen

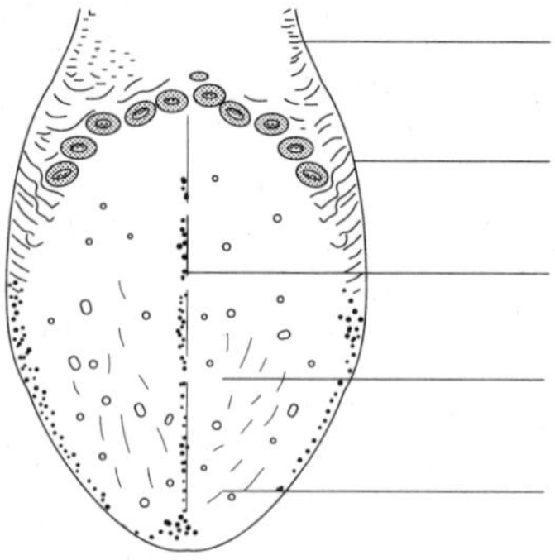

| Bezeichnung | Form der Papillen |
|---|---|
| *Zungengrund* | *Wallpapillen* |
| *Zungenrand* | *Blätterpapillen* |
| *Mittelrinne* | |
| *Zungenmitte* | *Pilzpapillen* |
| *Zungenspitze* | |

4. Wir untersuchen die Geschmacksfelder der Zunge.

Einer Versuchsperson werden nacheinander mit einem Wattetupfer verschiedene Lösungen auf die Zunge getupft, und zwar jeweils auf die Zungenspitze, die Zungenmitte, den Zungenrand und auf den Zungengrund (zwischendurch Mund ausspülen!). Als Lösungen verwendet man: Zuckerwasser, verdünnten Speiseessig, verdünnte Kochsalzlösung und starken Bohnenkaffee.

Stelle fest, an welcher Stelle die einzelnen Geschmacksempfindungen am deutlichsten wahrzunehmen sind.

a) Trage die Ergebnisse in die Tabelle ein.

b) Zeichne die Orte der Geschmacksempfindungen mit verschiedenen Farben in den Umriß der Zunge (s. Aufgabe 3) ein.

| Ort | süß | salzig | sauer | bitter |
|---|---|---|---|---|
| Zungenspitze | *X* | | | |
| Zungenrand | | | *X* | |
| Zungenmitte | | *X* | | |
| Zungengrund | | | | *X* |




ISBN 3-12-030980-X

_______________________

1. Die Zungenoberfläche trägt zahlreiche warzenförmige Erhebungen, die Geschmackspapillen. Benenne die verschiedenen Formen.

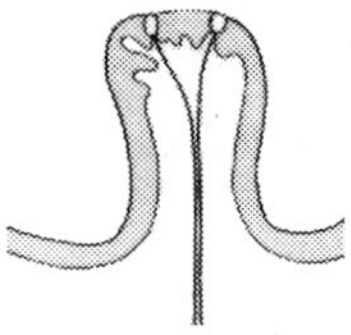

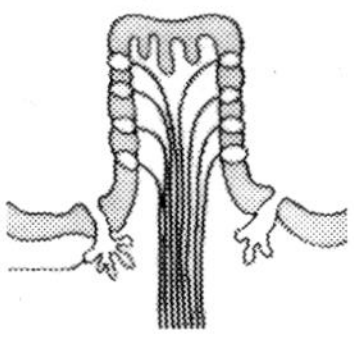

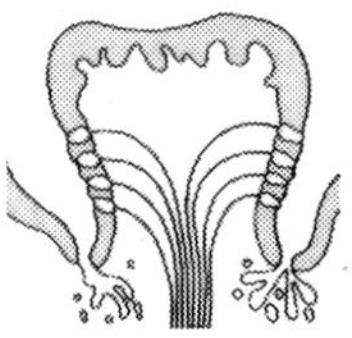

_______________________ _______________________ _______________________

2. Ergänze den Text.

In der Wand der Geschmackspapillen liegen die _______________________.

Sie reagieren auf _______________________. Damit wir diese schmecken können,

müssen sie _______________ vorliegen.

3. Beschrifte den Umriß der Zunge und gib an, welche Formen der Geschmackspapillen an den jeweiligen Stellen besonders häufig vorkommen

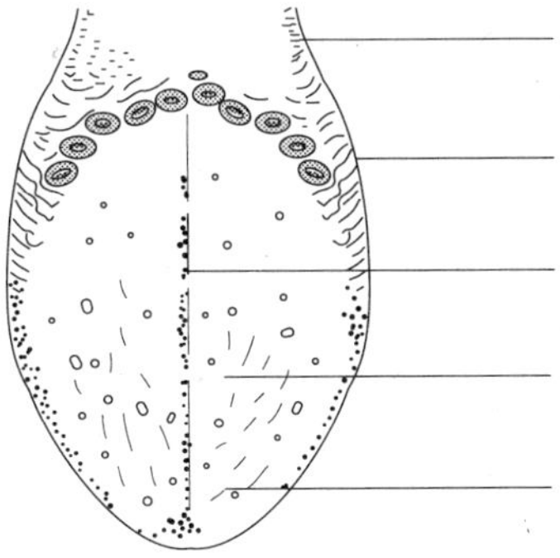

| Bezeichnung | Form der Papillen |
|---|---|
| | |
| | |
| | |
| | |
| | |

4. Wir untersuchen die Geschmacksfelder der Zunge.

Einer Versuchsperson werden nacheinander mit einem Wattetupfer verschiedene Lösungen auf die Zunge getupft, und zwar jeweils auf die Zungenspitze, die Zungenmitte, den Zungenrand und auf den Zungengrund (zwischendurch Mund ausspülen!). Als Lösungen verwendet man: Zuckerwasser, verdünnten Speiseessig, verdünnte Kochsalzlösung und starken Bohnenkaffee.

Stelle fest, an welcher Stelle die einzelnen Geschmacksempfindungen am deutlichsten wahrzunehmen sind.

a) Trage die Ergebnisse in die Tabelle ein.

b) Zeichne die Orte der Geschmacksempfindungen mit verschiedenen Farben in den Umriß der Zunge (s. Aufgabe 3) ein.

| Ort | süß | salzig | sauer | bitter |
|---|---|---|---|---|
| Zungenspitze | | | | |
| Zungenrand | | | | |
| Zungenmitte | | | | |
| Zungengrund | | | | |





ISBN 3-12-030980-X

1. Vergleiche die Nasenhöhle des Menschen mit der des Hundes. Beschreibe den Unterschied und erkläre die Bedeutung.

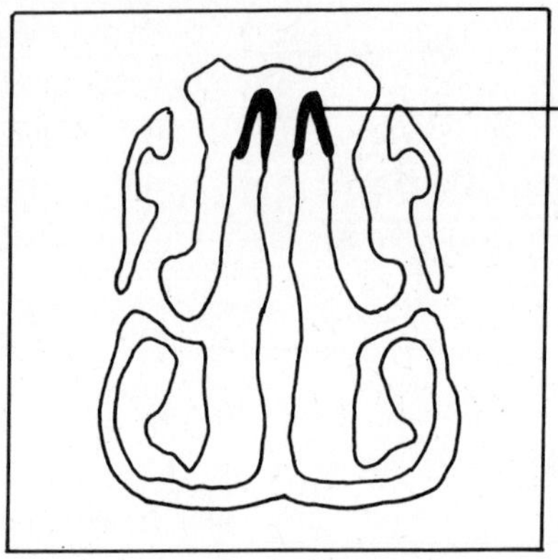


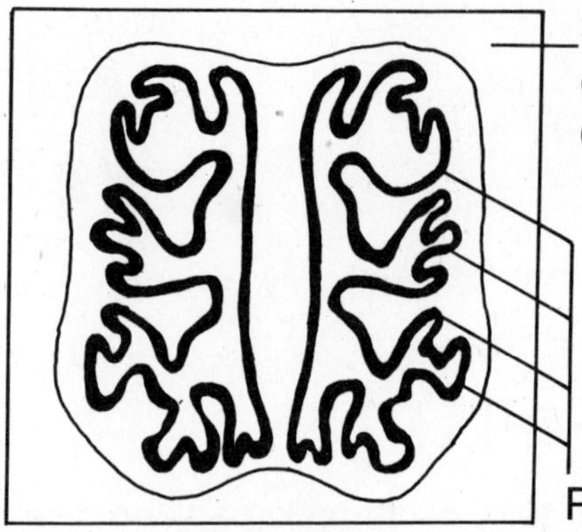


*Beim Hund ist die Oberfläche der Nasenhöhle, die mit Riechschleimhaut ausgekleidet ist, größer. Je mehr Riechzellen, um so besser ist der Geruchssinn.*

2. Die Abbildung zeigt einen Ausschnitt aus der Riechschleimhaut. Beschrifte.

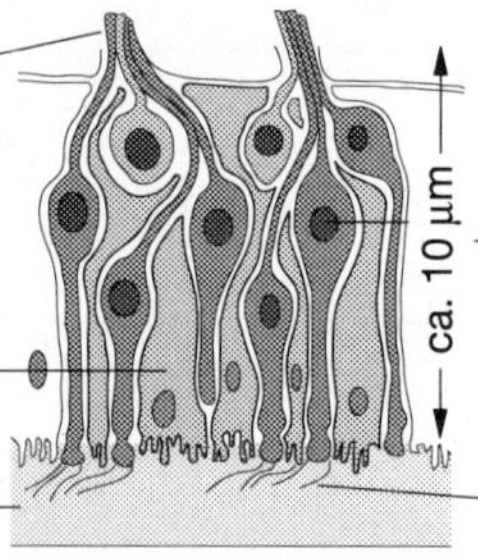


3. „Schmeckt" das Essen wirklich?

a) Einer Versuchsperson werden die Augen verbunden. Dann wird ihr jeweils ein Löffel Saft (z. B. Apfel, Orange, Tomate) gereicht. In einem ersten Durchgang wird auch die Nase verschlossen. Die Versuchsperson muß nun innerhalb von 10 Sekunden angeben, um welchen Saft es sich handelt. Beim zweiten Durchgang bleiben die Augen geschlossen, doch die Nase ist offen.
Trage die Ergebnisse in die Tabelle ein.

| Saft von | Durchgang | richtig | falsch |
|---|---|---|---|
| | 1 | | |
| | 2 | | |
| | 1 | | |
| | 2 | | |
| | 1 | | |
| | 2 | | |

b) Was schließt du aus diesen Ergebnissen?

*Wenn wir einen Geschmack eindeutig feststellen wollen, müssen Geruchssinn und Geschmacksinn zusammenarbeiten.*




ISBN 3-12-030980-X

1. Vergleiche die Nasenhöhle des Menschen mit der des Hundes. Beschreibe den Unterschied und erkläre die Bedeutung.

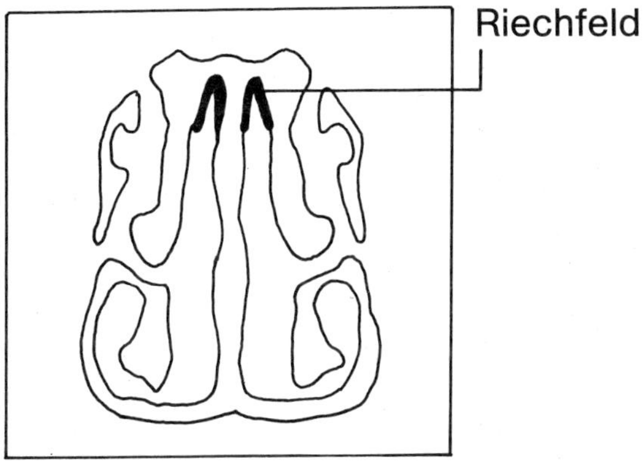


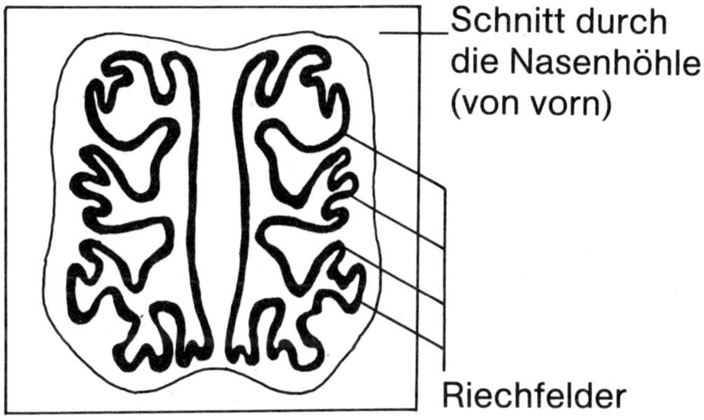


2. Die Abbildung zeigt einen Ausschnitt aus der Riechschleimhaut. Beschrifte.

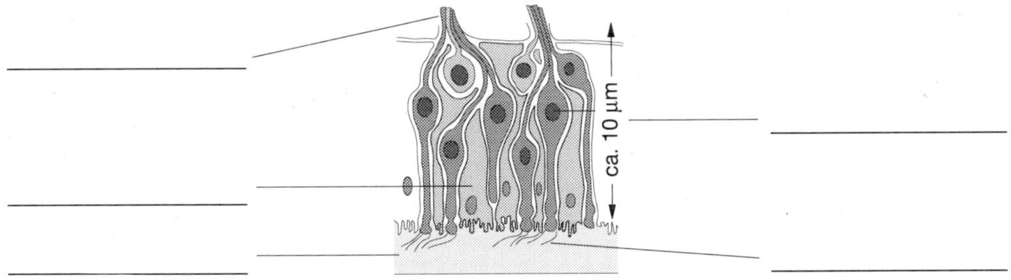


3. „Schmeckt“ das Essen wirklich?

a) Einer Versuchsperson werden die Augen verbunden. Dann wird ihr jeweils ein Löffel Saft (z. B. Apfel, Orange, Tomate) gereicht. In einem ersten Durchgang wird auch die Nase verschlossen. Die Versuchsperson muß nun innerhalb von 10 Sekunden angeben, um welchen Saft es sich handelt. Beim zweiten Durchgang bleiben die Augen geschlossen, doch die Nase ist offen.
Trage die Ergebnisse in die Tabelle ein.

| Saft von | Durchgang | richtig | falsch |
|---|---|---|---|
| | 1 | | |
| | 2 | | |
| | 1 | | |
| | 2 | | |
| | 1 | | |
| | 2 | | |

b) Was schließt du aus diesen Ergebnissen?





ISBN 3-12-030980-X

1. Erkläre die Aussage: „Die Haut ist ein vielseitiges Organ."

   *Sinnesorgan: z. B. für Wärme, Kälte, Druck, Schmerz.*

   *Schutzhülle: z. B. gegen Krankheitserreger, Schmutz, Wärme.*

2. Die schematische Darstellung zeigt einen Schnitt durch die Haut. Beschrifte die Abbildung.

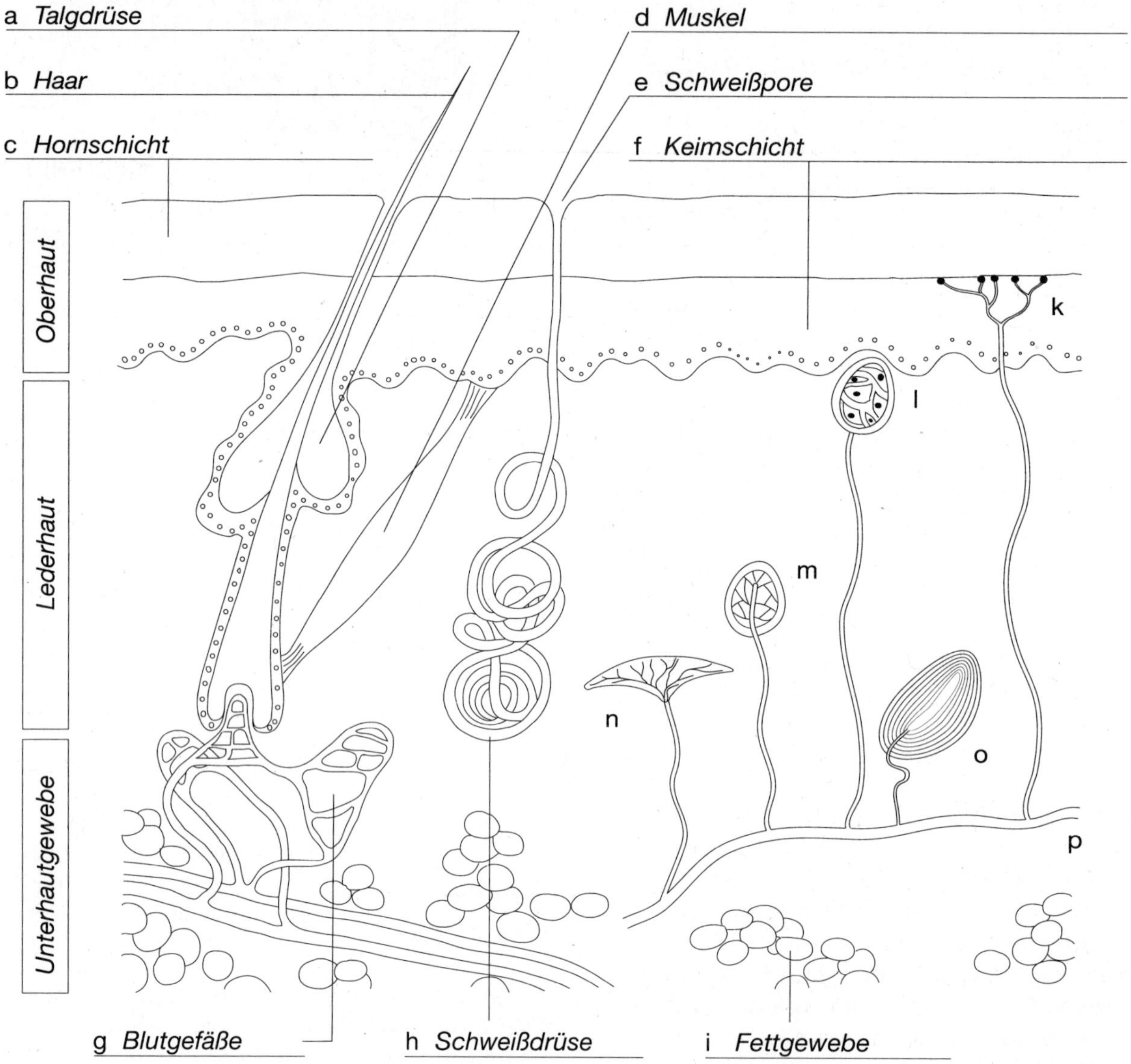


3. Benenne die Sinneskörperchen und zeichne sie in die Abbildung ein.

| | | | |
|---|---|---|---|
| k | *freie Nervenendigungen* | m | *Kältekörperchen* |
| l | *Tastkörperchen* | o | *Lamellenkörperchen* |
| n | *Wärmekörperchen* | p | *Nerven* |




ISBN 3-12-030980-X

# Der Aufbau der Haut

1. Erkläre die Aussage: „Die Haut ist ein vielseitiges Organ."

2. Die schematische Darstellung zeigt einen Schnitt durch die Haut. Beschrifte die Abbildung.

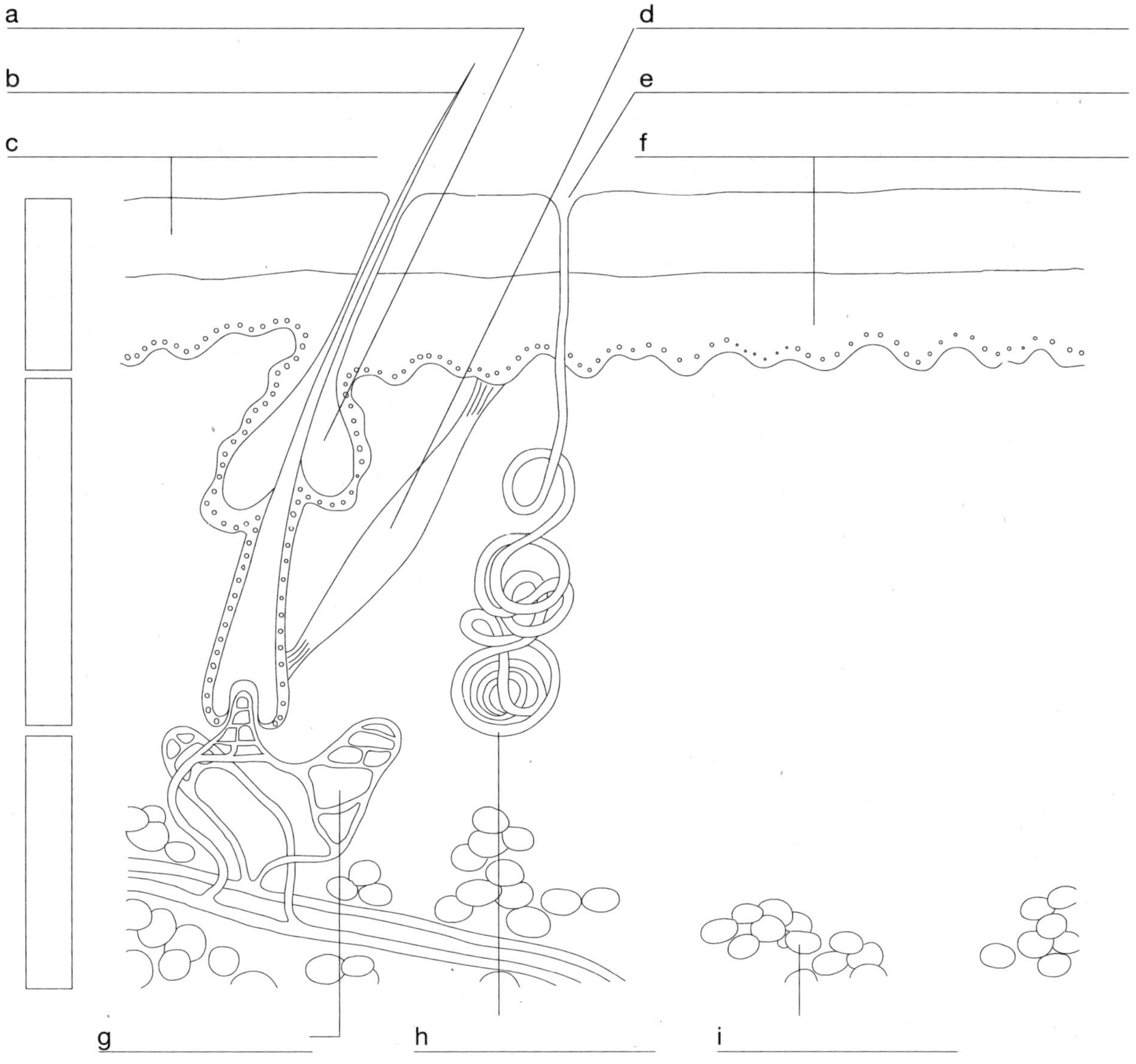


3. Benenne die Sinneskörperchen und zeichne sie in die Abbildung ein.

k ______ m ______

l ______ o ______

n ______ p ______




ISBN 3-12-030980-X

1. Blinde Menschen lernen, mit ihren Fingerbeeren zu „lesen“. Die Blindenschrift beruht auf der besonderen Anordnung von 6 Punkten, die so gedruckt oder geprägt werden, dass man sie mit den Fingerbeeren tasten kann. Aus dem Grundmuster ⠿ lassen sich alle Buchstaben, Zahlen, Zeichen und auch Noten darstellen.
   Das Blindenalphabet:

| A | B | C | D | E | F | G | H | I | J | K | L | M |
|---|---|---|---|---|---|---|---|---|---|---|---|---|
| ●○<br>○○<br>○○ | ●○<br>●○<br>○○ | ●●<br>○○<br>○○ | ●●<br>○●<br>○○ | ●○<br>○●<br>○○ | ●●<br>●○<br>○○ | ●●<br>●●<br>○○ | ●○<br>●●<br>○○ | ○●<br>●○<br>○○ | ○●<br>●●<br>○○ | ●○<br>○○<br>●○ | ●○<br>●○<br>●○ | ●●<br>○○<br>●○ |

| N | O | P | Q | R | S | T | U | V | W | X | Y | Z |
|---|---|---|---|---|---|---|---|---|---|---|---|---|
| ●●<br>○●<br>●○ | ●○<br>○●<br>●○ | ●●<br>●○<br>●○ | ●●<br>●●<br>●○ | ●○<br>●●<br>●○ | ○●<br>●○<br>●○ | ○●<br>●●<br>●○ | ●○<br>○○<br>●● | ●○<br>●○<br>●● | ○●<br>●●<br>○● | ●●<br>○○<br>●● | ●●<br>○●<br>●● | ●○<br>○●<br>●● |

   Zeichne die untenstehenden Buchstaben des Blindenalphabets auf ein Blatt Papier und stich mit der Bleistiftspitze die schwarzen Punkte durch. Versuche mit dem Zeigefinger das Wort zu entziffern.

| | | | | | | | | |
|---|---|---|---|---|---|---|---|---|
| ○●<br>●○<br>●○ | ●●<br>○○<br>○○ | ●○<br>●●<br>○○ | ●○<br>○○<br>●● | ●○<br>●○<br>●○ | ●●<br>●○<br>○○ | ●○<br>●●<br>●○ | ●○<br>○●<br>○○ | ○●<br>●○<br>○○ |

   Das Wort heißt: *schulfrei*

2. Warum kann man mit den Fingerbeeren lesen?

   *Dort liegen besonders viele Tastkörperchen.*

3. Stelle mit Hilfe eines Stempelkissens von den Fingern einer Hand Abdrücke her. Gib an, zu welchen abgebildeten Haupttypen die Abdrücke jeweils gehören. Vergleiche deinen Daumenabdruck (D) mit den Daumenabdrücken zweier Mitschüler ($D_1$, $D_2$).

| | | | | |
|---|---|---|---|---|
| D ______ | ZF ______ | MF ______ | RF ______ | KIF ______ |

| | |
|---|---|
| $D_1$ ______ | $D_2$ ______ |

Bogen | Schleife | Wirbel | Doppelwirbel

4. Warum benutzt die Polizei Fingerabdrücke, um Personen zu identifizieren?

   *Die Leisten der Lederhaut verlaufen in ganz bestimmten unveränderlichen Mustern, bei jedem Menschen anders und unverwechselbar.*




ISBN 3-12-030980-X

1. Blinde Menschen lernen, mit ihren Fingerbeeren zu „lesen“. Die Blindenschrift beruht auf der besonderen Anordnung von 6 Punkten, die so gedruckt oder geprägt werden, dass man sie mit den Fingerbeeren tasten kann. Aus dem Grundmuster ⠿ lassen sich alle Buchstaben, Zahlen, Zeichen und auch Noten darstellen.
Das Blindenalphabet:

| A | B | C | D | E | F | G | H | I | J | K | L | M |
|---|---|---|---|---|---|---|---|---|---|---|---|---|
| ●○ | ●○ | ●● | ●● | ●○ | ●● | ●● | ●○ | ○● | ○● | ●○ | ●○ | ●● |
| ○○ | ●○ | ○○ | ○● | ○● | ●○ | ●● | ●● | ●○ | ●● | ○○ | ●○ | ○○ |
| ○○ | ○○ | ○○ | ○○ | ○○ | ○○ | ○○ | ○○ | ○○ | ○○ | ●○ | ●○ | ●○ |

| N | O | P | Q | R | S | T | U | V | W | X | Y | Z |
|---|---|---|---|---|---|---|---|---|---|---|---|---|
| ●● | ●○ | ●● | ●● | ●○ | ○● | ○● | ●○ | ●○ | ○● | ●● | ●● | ●○ |
| ○● | ○● | ●○ | ●● | ●● | ●○ | ●● | ○○ | ●○ | ●● | ○○ | ○● | ○● |
| ●○ | ○● | ●○ | ●○ | ●○ | ●○ | ●○ | ●● | ●● | ○● | ●● | ●● | ●● |

Zeichne die untenstehenden Buchstaben des Blindenalphabets auf ein Blatt Papier und stich mit der Bleistiftspitze die schwarzen Punkte durch. Versuche mit dem Zeigefinger das Wort zu entziffern.

| | | | | | | | | |
|---|---|---|---|---|---|---|---|---|
| ○● | ●● | ●○ | ●○ | ●○ | ●● | ●○ | ●○ | ○● |
| ●○ | ○○ | ●● | ○○ | ●○ | ●○ | ●● | ○● | ●○ |
| ●○ | ○○ | ○○ | ●● | ●○ | ○○ | ●○ | ○○ | ○○ |

Das Wort heißt: ______________________

2. Warum kann man mit den Fingerbeeren lesen?

______________________

3. Stelle mit Hilfe eines Stempelkissens von den Fingern einer Hand Abdrücke her. Gib an, zu welchen abgebildeten Haupttypen die Abdrücke jeweils gehören. Vergleiche deinen Daumenabdruck (D) mit den Daumenabdrücken zweier Mitschüler ($D_1$, $D_2$).

| | | | | |
|---|---|---|---|---|
| D ______ | ZF ______ | MF ______ | RF ______ | KIF ______ |
| $D_1$ ______ | $D_2$ ______ | | | |

Bogen    Schleife    Wirbel    Doppelwirbel

4. Warum benutzt die Polizei Fingerabdrücke, um Personen zu identifizieren?

______________________

______________________



 ISBN 3-12-030980-X

1. Die Haut kann sich durch verschiedene Einflüsse verändern. Erkläre, wie es zu den dargestellten Veränderungen kommt.

a) Blasen:

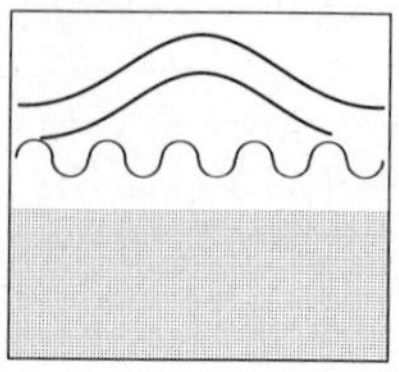

*Mit Lymphe, Blut oder Eiter gefüllte Hohlräume innerhalb der Obernhaut oder zwischen Ober- und Lederhaut.*

b) Hühneraugen:

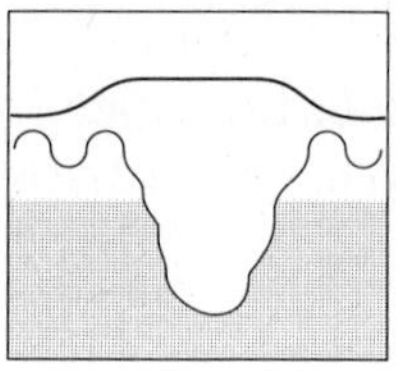

*Hühneraugen sind Hornhautverdickungen (Schwielen) der Oberhaut, die sich zapfenförmig in tiefere Hautschichten erstrecken und hier sehr schmerzhafte Entzündungen hervorrufen. Hühneraugen bilden sich an Druckstellen meist durch unzweckmäßiges Schuhwerk.*

c) Abschürfungen:

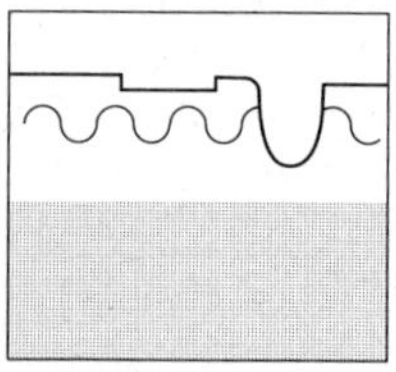

*Verletzungen, die nicht bis in die Lederhaut reichen. Sie nässen, da Lymphe austritt. Verheilen ohne Narben.*

d) Narben:

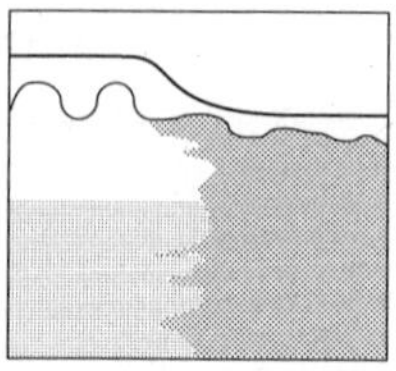

*Narben bestehen aus fasrigem Bindegewebe, das beim Abheilen von Gewebsverlusten entsteht und offene Wunden verschließt. Hier fehlen dann die normale Oberflächenfelderung der Haut, Haare und Poren.*

e) Akne:

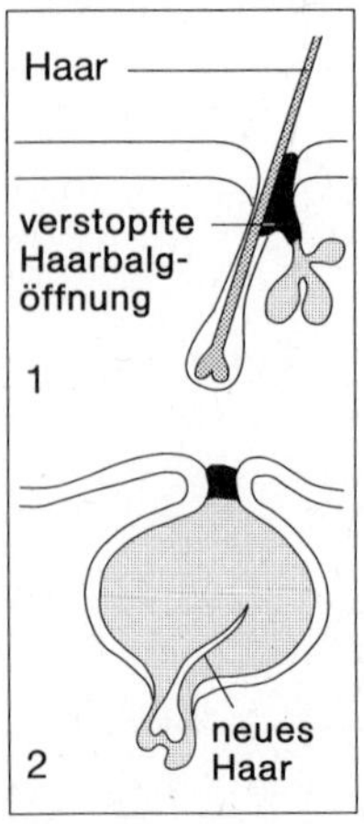


*Akne entwickelt sich in der Regel erst in der Pubertät und endet meist um das 25. Lebensjahr. Ursache: Gesteigerte Hormonbildung führt zu Überproduktion der Talgdrüsen.*

*1. Talg („Mitesser“) verschließt die Haarbalgöffnung.*

*2. Der Abfluß von Talg (mit Fettsäuren) wird dadurch verhindert.*

*Die sich hinter dem „Mitesser“ stauenden Fettsäuren können Entzündungen auslösen.*




ISBN 3-12-030980-X

1. Die Haut kann sich durch verschiedene Einflüsse verändern. Erkläre, wie es zu den dargestellten Veränderungen kommt.

a) Blasen:

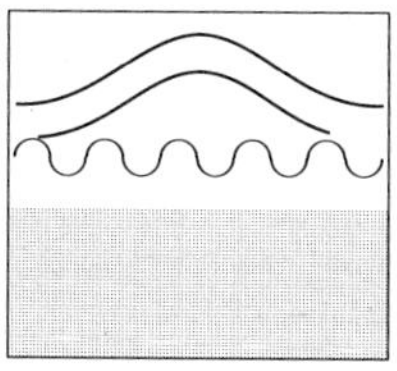

b) Hühneraugen:

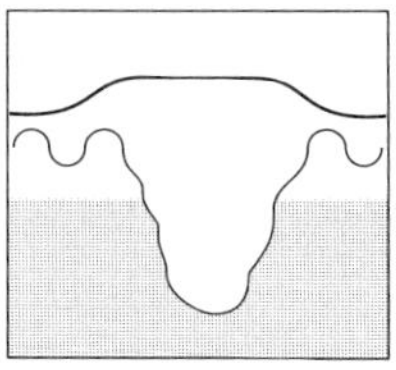

c) Abschürfungen:

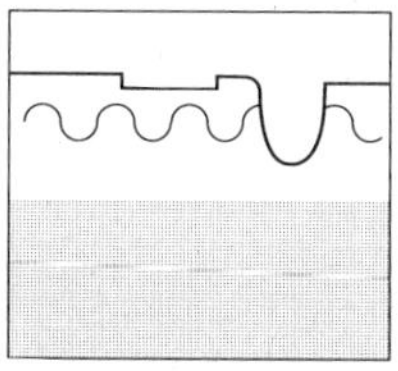

d) Narben:

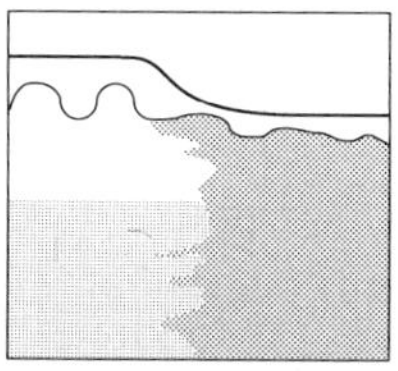

e) Akne:

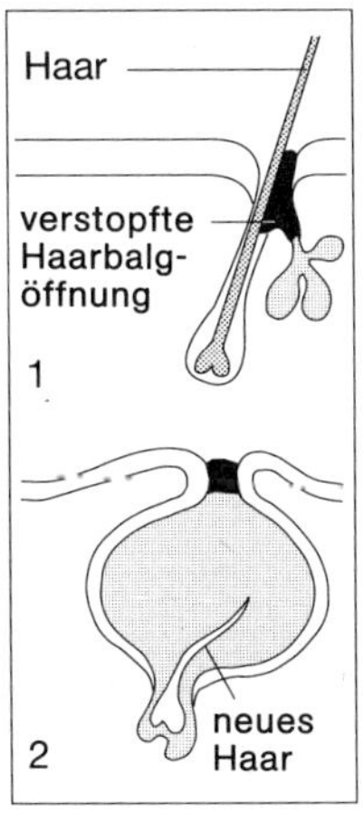





ISBN 3-12-030980-X

1. Durch Sonnenstrahlung oder durch Berührung mit einem heißen Gegenstand oder heißen Flüssigkeiten kann es zu Verbrennungen der Haut kommen. Je nach Schädigung der Haut unterscheidet man Verbrennungen 1., 2. oder 3. Grades. Trage jeweils die Art der Schädigung und die Behandlungsmöglichkeiten in die Tabelle ein.

| | Schädigung | Behandlungsmöglichkeit |
|---|---|---|
| Verbrennungen 1. Grades | *Hautrötung* | *Kühlung durch kaltes Wasser* |
| | | *oder kühlendes Gel* |
| Verbrennungen 2. Grades | *Blasenbildung* | *Kühlung durch kaltes,* |
| | *Lymphe tritt zwischen* | *fließendes Wasser* |
| | *Oberhaut und Lederhaut* | |
| Verbrennungen 3. Grades | *Zerstörung des Gewebes* | *keimfreier Verband,* |
| | *Eiterbildung* | *evtl. Hautverpflanzung* |

2. Starke Sonnenstrahlung kann gefährlich für die Haut werden.
a) Wie schützt sich die Haut selbst gegen die Sonnenstrahlen?

*Bei langsamer Sonnengewöhnung bildet sich in der Oberhaut allmählich ein Schutzfilter aus dunklen Farbstoffen (Pigmenten). Wir werden braun. Dadurch werden die Strahlen gehindert, in die tieferen Hautschichten einzudringen.*

b) Wie können wir die Haut zusätzlich vor Sonnenstrahlen schützen?

*Am Anfang nur kurze Zeit in der Sonne bleiben, Sonnenschutzmittel mit Lichtschutzfaktor benutzen, bei starker Sonnenstrahlung im Hochgebirge oder an der See Sonnenhut und T-Shirt tragen, sich über Mittag möglichst im Schatten aufhalten.*

c) Wie entsteht ein Sonnenbrand?

*Bei zu starker und langer Sonnenstrahlung können sich die Pigmente nicht schnell genug bilden. Es kommt zu Verbrennungen.*




ISBN 3-12-030980-X

1. Durch Sonnenstrahlung oder durch Berührung mit einem heißen Gegenstand oder heißen Flüssigkeiten kann es zu Verbrennungen der Haut kommen. Je nach Schädigung der Haut unterscheidet man Verbrennungen 1., 2. oder 3. Grades. Trage jeweils die Art der Schädigung und die Behandlungsmöglichkeiten in die Tabelle ein.

| | Schädigung | Behandlungsmöglichkeit |
|---|---|---|
| Verbrennungen 1. Grades | | |
| | | |
| Verbrennungen 2. Grades | | |
| | | |
| | | |
| Verbrennungen 3. Grades | | |
| | | |

2. Starke Sonnenstrahlung kann gefährlich für die Haut werden.
a) Wie schützt sich die Haut selbst gegen die Sonnenstrahlen?

b) Wie können wir die Haut zusätzlich vor Sonnenstrahlen schützen?

c) Wie entsteht ein Sonnenbrand?




ISBN 3-12-030980-X

1. Das Hormonsystem besteht aus verschiedenen Drüsen. Die Abbildung zeigt ihre Lage im Körper. Beschrifte die Abbildung.

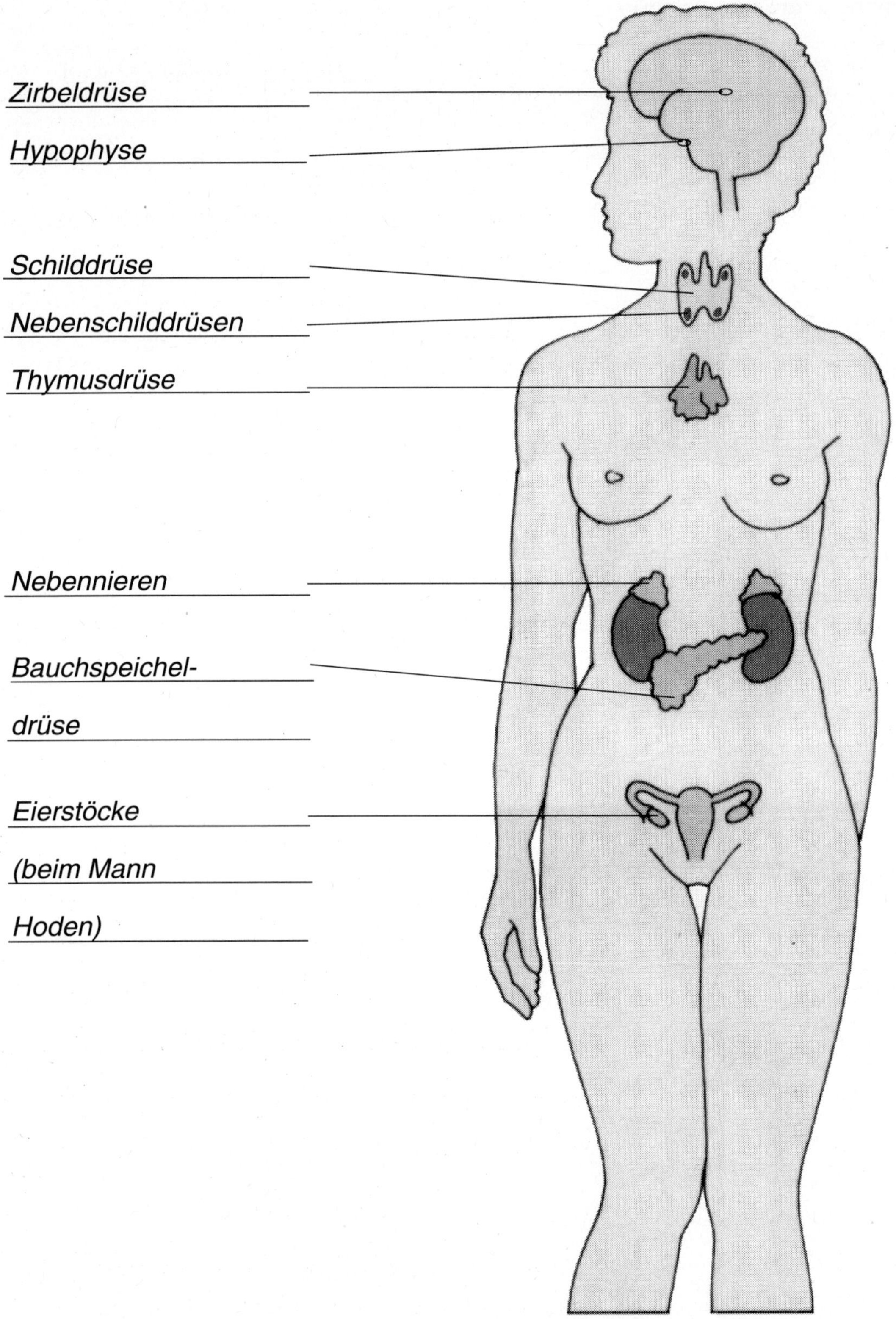




 ISBN 3-12-030980-X

1. Das Hormonsystem besteht aus verschiedenen Drüsen. Die Abbildung zeigt ihre Lage im Körper. Beschrifte die Abbildung.

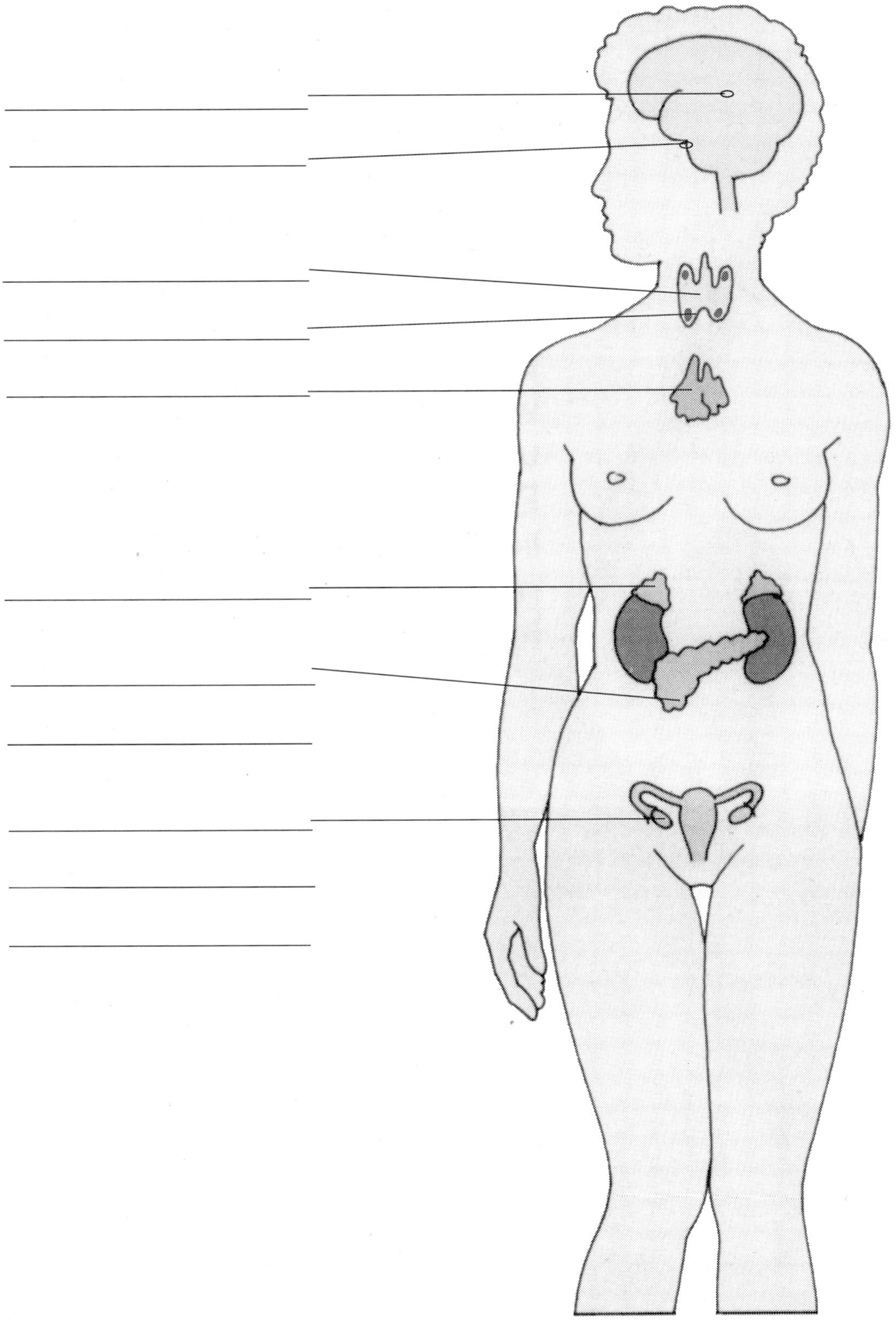




ISBN 3-12-030980-X

1. Erkläre mit Hilfe der Abbildung die folgende Aussage: Hormone haben eine spezifische Wirkung.

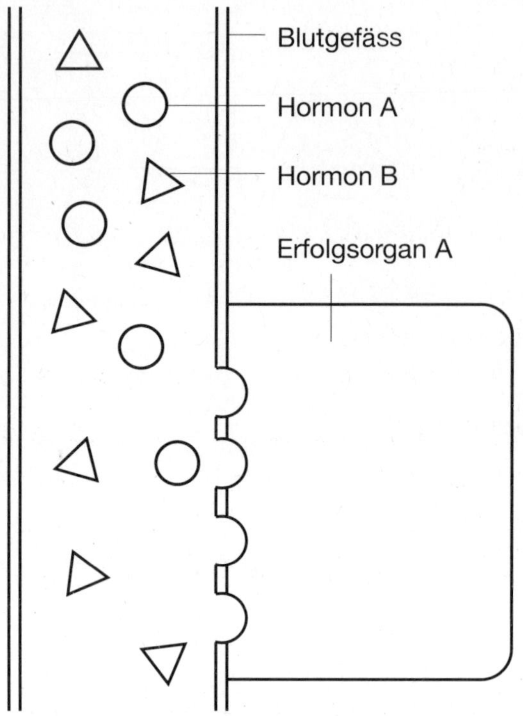


*Die verschiedenen Hormone, die von den Hormondrüsen in den Blutkreislauf abgegeben werden, gelangen mit dem Blut zu allen Organen im Körper. Jedes Hormon beeinflusst aber jeweils eine andere Hormondrüse oder ein bestimmtes Organ, das Erfolgsorgan.*

*Die Erfolgsorgane haben Rezeptoren, zu denen jeweils ein Hormon passt – wie ein Schlüssel zum Schloss.*

2. Vergleiche die Informationsübertragung im Nervensystem mit der im Hormonsystem. Trage die entsprechenden Merkmale in die Tabelle ein.

| | Hormonsystem | Nervensystem |
|---|---|---|
| a) Welches Transportsystem wird zur Weitergabe einer Information genutzt? | *Blutkreislauf* | *Nervenfasern* |
| b) Wie liegt die Information vor? | *als chemischer Stoff* | *als Erregung* |
| c) Ausbreitung | *langsam, nach Erreichen des Wirkungsortes* | *schnell, nach Eintreffen eines Reizes* |
| d) Wirkungsdauer | *lang anhaltend* | *kurz* |

3. Welche weiteren Eigenschaften kennzeichnen die Hormone?

a) *Hormone wirken in großer Verdünnung (1:1000 Millionen).*

b) *Hormone werden im Körper allmählich wieder abgebaut.*




ISBN 3-12-030980-X

# Die Wirkungsweise der Hormone

1. Erkläre mit Hilfe der Abbildung die folgende Aussage: Hormone haben eine spezifische Wirkung.

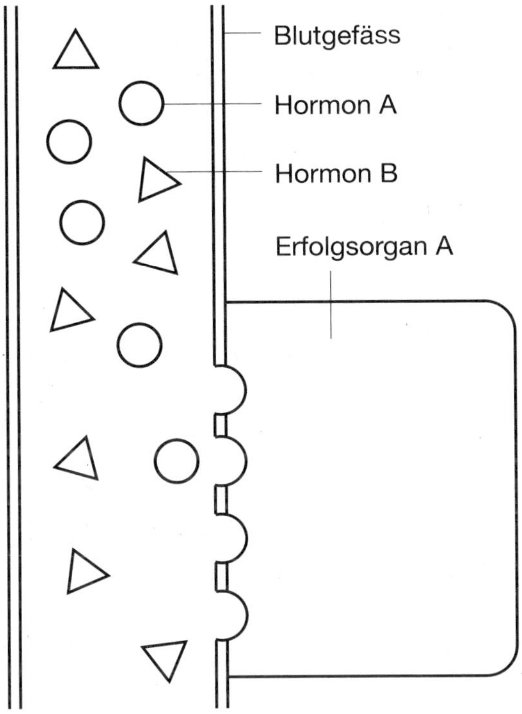


2. Vergleiche die Informationsübertragung im Nervensystem mit der im Hormonsystem. Trage die entsprechenden Merkmale in die Tabelle ein.

| | Hormonsystem | Nervensystem |
|---|---|---|
| a) Welches Transportsystem wird zur Weitergabe einer Information genutzt? | | |
| b) Wie liegt die Information vor? | | |
| c) Ausbreitung | | |
| d) Wirkungsdauer | | |

3. Welche weiteren Eigenschaften kennzeichnen die Hormone?

a) ______

b) ______




ISBN 3-12-030980-X

1. In welchem Bereich des Gehirns liegt die Hypophyse?

*Unterseite des Zwischenhirns*

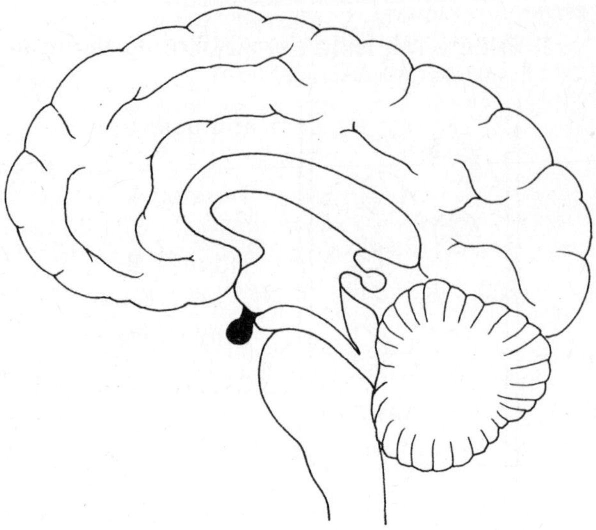

2. Male in der Abbildung die Hypophyse mit Farbstift an.

3. Die Hypophyse regelt das Hormonsystem und andere Vorgänge im Körper. In der Tabelle sind die Wirkungsorte der Hypophysenhormone angegeben. Trage die Bezeichnungen (oder Abkürzungen) der entsprechenden Hormone ein und beschreibe in Stichwörtern ihre Wirkung.

| Hypophysenhormon | Wirkungsort | Wirkungsweise |
|---|---|---|
| *(TSH) Thyreotropin* | Schilddrüse | *schüttet Thyroxin aus* |
| *ACTH* | Nebenniere | *bildet Kortikoide, Geschlechtshormone,* |
| | | *Adrenalin, Noradrenalin* |
| *Adiuretin* | Niere | *Steuerung des Salz- und Wasserhaushalt* |
| *(STH) Wachstumshormon* | Knochen | *Anregung des Wachstums* |
| *FSH, LH, LTH* | Eierstöcke | *Follikelreifung, Östrogenausschüttung, Eisprung,* |
| | | *Gelbkörperbildung* |
| *Prolaktin* | Milchdrüse | *Milchproduktion nach Schwangerschaft* |
| *Oxytocin* | Gebärmutter | *Einsetzen der Wehen* |

4. Nenne Beispiele für Hypophysenhormone,

a) die auf andere Hormondrüsen einwirken:

*Thyreotropin, ACTH, LH*

b) die die Arbeitsweise von Organen beeinflussen:

*Wachstumshormon (STH), Oxytocin, Prolactin, Adiuretin.*




ISBN 3-12-030980-X

# Die Hypophyse

1. In welchem Bereich des Gehirns liegt die Hypophyse?

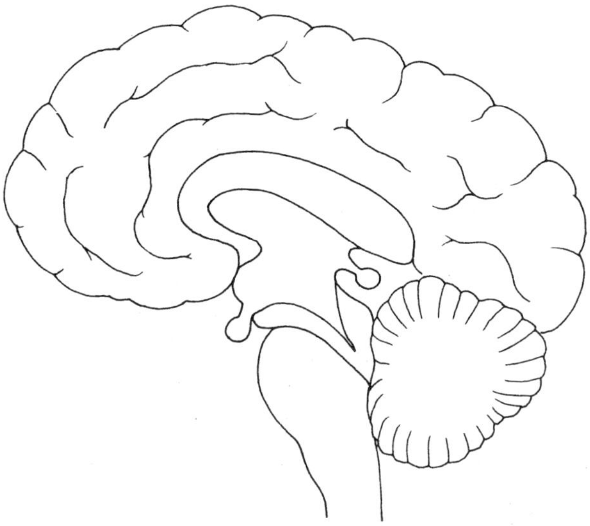

2. Male in der Abbildung die Hypophyse mit Farbstift an.

3. Die Hypophyse regelt das Hormonsystem und andere Vorgänge im Körper. In der Tabelle sind die Wirkungsorte der Hypophysenhormone angegeben. Trage die Bezeichnungen (oder Abkürzungen) der entsprechenden Hormone ein und beschreibe in Stichwörtern ihre Wirkung.

| Hypophysenhormon | Wirkungsort | Wirkungsweise |
|---|---|---|
| | Schilddrüse | |
| | Nebenniere | |
| | | |
| | Niere | |
| | Knochen | |
| | Eierstöcke | |
| | | |
| | Milchdrüse | |
| | Gebärmutter | |

4. Nenne Beispiele für Hypophysenhormone,
a) die auf andere Hormondrüsen einwirken:

b) die die Arbeitsweise von Organen beeinflussen:



ISBN 3-12-030980-X

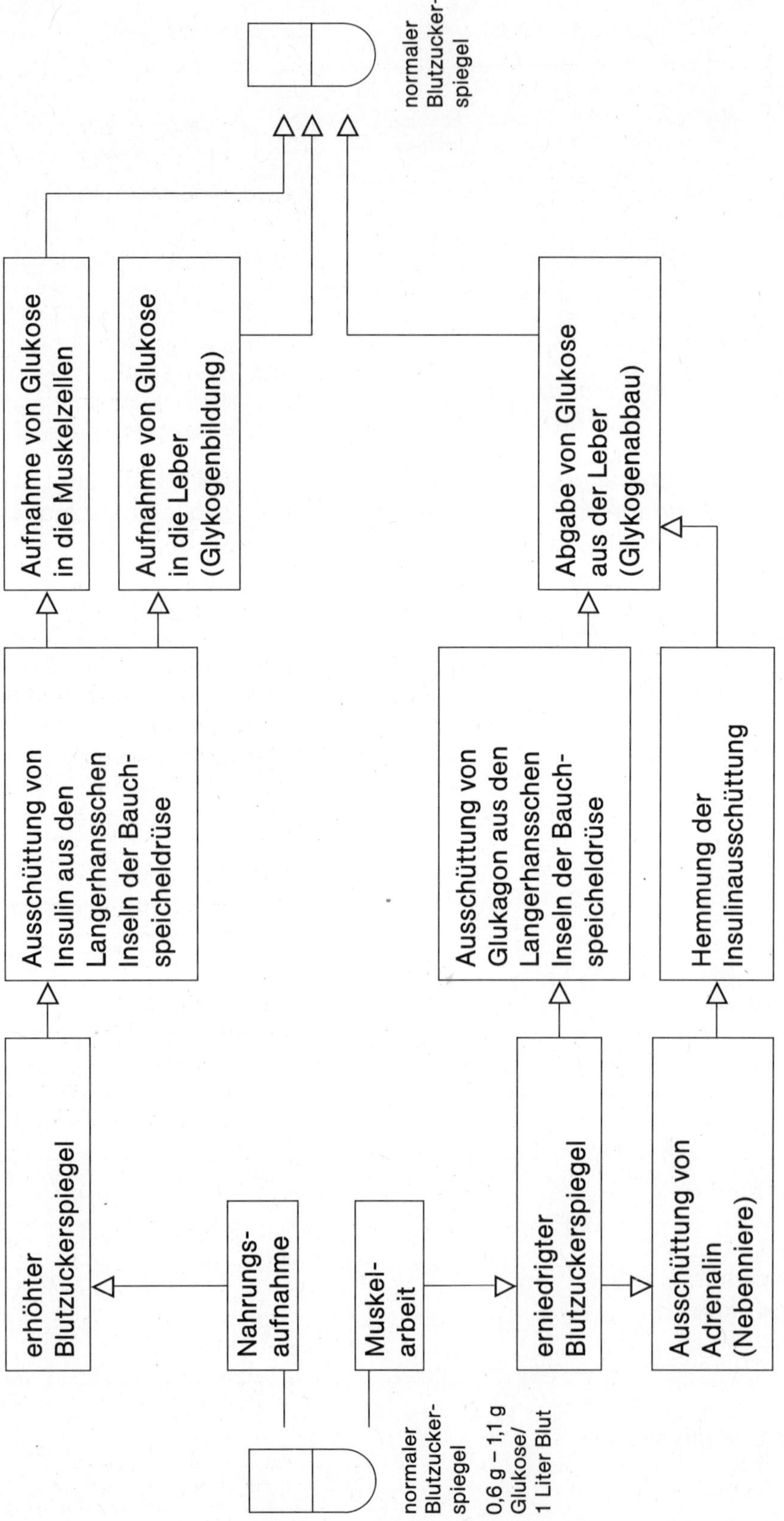





ISBN 3-12-030980-X

1. Schneide die Texte am rechten Rand des Arbeitsblattes aus und klebe sie an der richten Stelle in das Schema ein.

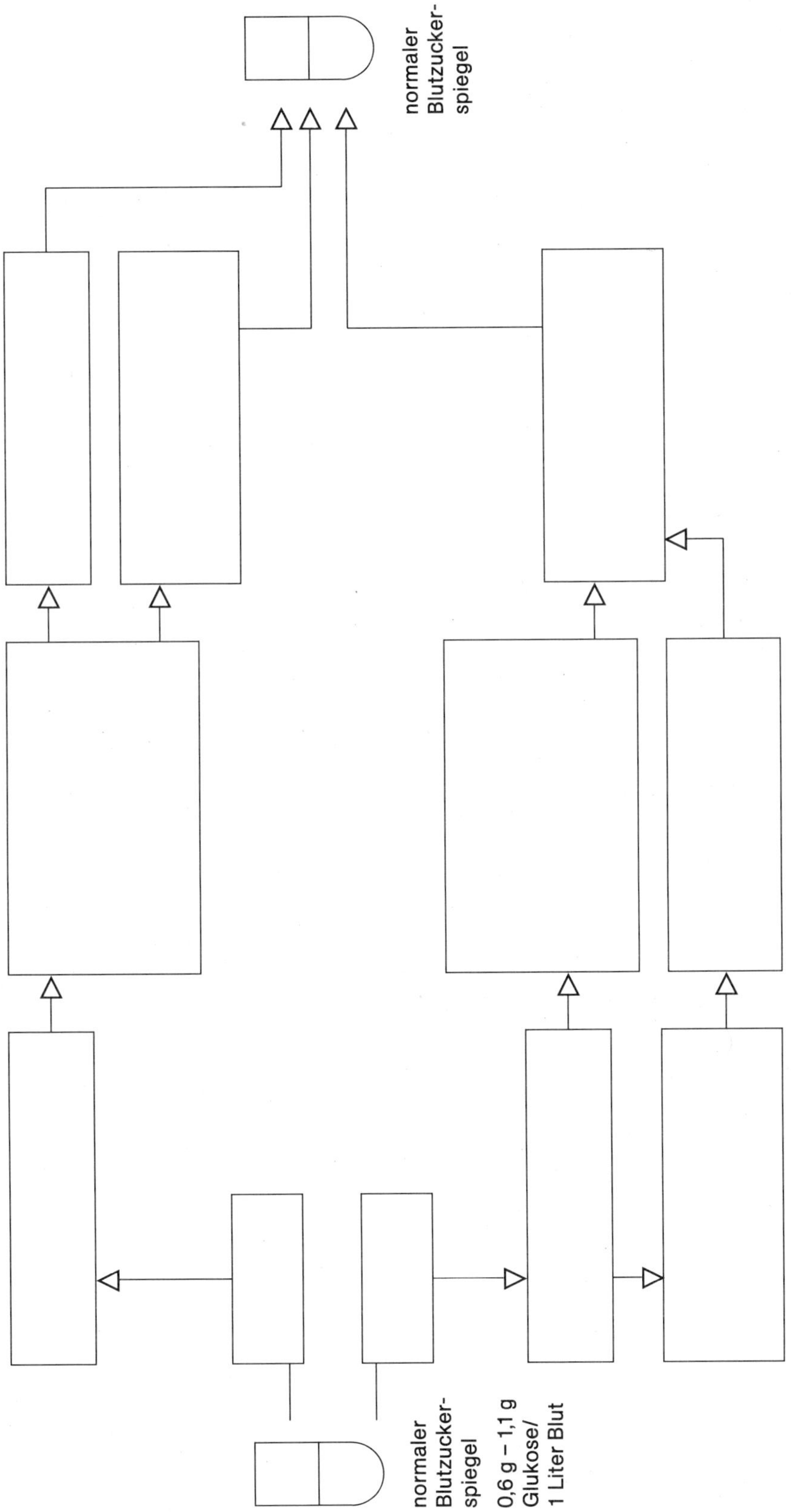


Ausschüttung von Glukagon aus den Langerhansschen Inseln der Bauchspeicheldrüse

Ausschüttung von Insulin aus den Langerhansschen Inseln der Bauchspeicheldrüse

Ausschüttung von Adrenalin (Nebenniere)

Aufnahme von Glukose in die Leber (Glykogenbildung)

Abgabe von Glukose aus der Leber (Glykogenabbau)

Hemmung der Insulinausschüttung

Aufnahme von Glukose in die Muskelzellen

erhöhter Blutzuckerspiegel

erniedrigter Blutzuckerspiegel

Nahrungsaufnahme

Muskelarbeit




ISBN 3-12-030980-X

Beantworte die folgenden Fragen und trage die Lösung in die entsprechenden Kästchen ein. Wenn alle Antworten richtig sind, ergeben die Buchstaben in den stark umrandeten Feldern von oben nach unten gelesen das Lösungswort.

1. Wo wird der überschüssige Blutzucker gespeichert?
2. Welches Hormon bewirkt eine rasche Erhöhung des Blutzuckerspiegels?
3. Bei welchem Vorgang wird plötzlich viel Blutzucker benötigt?
4. In welchen Stoff wird der überschüssige Blutzucker umgewandelt?
5. Welcher Zucker ist in rasch wirkenden Stärkungsmitteln für Sportler enthalten?
6. Welches Hormon läßt den Blutzuckerspiegel langsam ansteigen?
7. Wie heißt die Krankheit, die durch Insulinmangel hervorgerufen wird?
8. Welcher Zucker wird in der Leber gespeichert?
9. Welche Hormone der Nebenniere beeinflussen den Blutzuckerspiegel?
10. Was gewinnt eine Körperzelle aus dem Blutzucker?
11. Welches Hormon senkt den Blutzuckerspiegel?
12. In welchem Organ werden zwei Hormone gebildet, die beide den Blutzuckerspiegel beeinflussen?
13. Durch welches Organ wird der Blutzucker ausgeschieden?
14. In welcher Hormondrüse wird Adrenalin gebildet?
15. Wie ist die chemische Bezeichnung für Traubenzucker?
16. Bei welchem Vorgang im Körper werden Kohlenhydrate zerlegt?
17. Über welches Transportsystem werden die Hormone weitergegeben?

| | | | | | | | | | | | | | | | | | | | | | |
|---|---|---|---|---|---|---|---|---|---|---|---|---|---|---|---|---|---|---|---|---|---|
| | | | | | | | 1 L | E | B | E | R | | | | | | | | | | |
| | | | 2 A | D | R | E | N | A | L | I | N | | | | | | | | | | |
| | | | | | | | | 3 M | U | S | K | E | L | A | R | B | E | I | T | | |
| | | | | | | | 4 F | E | T | T | | | | | | | | | | | |
| | | 5 T | R | A | U | B | E | N | Z | U | C | K | E | R | | | | | | | |
| | | | | | | | 6 G | L | U | K | A | G | O | N | | | | | | | |
| | | | | | | | 7 Z | U | C | K | E | R | K | R | A | N | K | H | E | I | T |
| | | | | | | 8 G | L | Y | K | O | G | E | N | | | | | | | | |
| 9 K | O | R | T | I | K | O | I | D | E | | | | | | | | | | | | |
| | | | | | | 10 E | N | E | R | G | I | E | | | | | | | | | |
| | | | | | | | 11 I | N | S | U | L | I | N | | | | | | | | |
| | | | 12 B | A | U | C | H | S | P | E | I | C | H | E | L | D | R | U | E | S | E |
| | | | | | | | | 13 N | I | E | R | E | | | | | | | | | |
| | | | | | | 14 N | E | B | E | N | N | I | E | R | E | | | | | | |
| | | | | | | | | | 15 G | L | U | K | O | S | E | | | | | | |
| | | | | | | | | 16 V | E | R | D | A | U | U | N | G | | | | | |
| | | | | | | | | 17 B | L | U | T | | | | | | | | | | |




ISBN 3-12-030980-X

Beantworte die folgenden Fragen und trage die Lösung in die entsprechenden Kästchen ein. Wenn alle Antworten richtig sind, ergeben die Buchstaben in den stark umrandeten Feldern von oben nach unten gelesen das Lösungswort.

1. Wo wird der überschüssige Blutzucker gespeichert?
2. Welches Hormon bewirkt eine rasche Erhöhung des Blutzuckerspiegels?
3. Bei welchem Vorgang wird plötzlich viel Blutzucker benötigt?
4. In welchen Stoff wird der überschüssige Blutzucker umgewandelt?
5. Welcher Zucker ist in rasch wirkenden Stärkungsmitteln für Sportler enthalten?
6. Welches Hormon läßt den Blutzuckerspiegel langsam ansteigen?
7. Wie heißt die Krankheit, die durch Insulinmangel hervorgerufen wird?
8. Welcher Zucker wird in der Leber gespeichert?
9. Welche Hormone der Nebenniere beeinflussen den Blutzuckerspiegel?
10. Was gewinnt eine Körperzelle aus dem Blutzucker?
11. Welches Hormon senkt den Blutzuckerspiegel?
12. In welchem Organ werden zwei Hormone gebildet, die beide den Blutzuckerspiegel beeinflussen?
13. Durch welches Organ wird der Blutzucker ausgeschieden?
14. In welcher Hormondrüse wird Adrenalin gebildet?
15. Wie ist die chemische Bezeichnung für Traubenzucker?
16. Bei welchem Vorgang im Körper werden Kohlenhydrate zerlegt?
17. Über welches Transportsystem werden die Hormone weitergegeben?

 ISBN 3-12-030980-X

1. Welches Hormon wird bei Zuckerkranken nicht in ausreichender Menge gebildet und welche Aufgabe hat es?

*Insulin. Senkt den Blutzuckerspiegel auf den normalen Wert.*

2. Welche Schäden werden durch die Zuckerkrankheit verursacht?

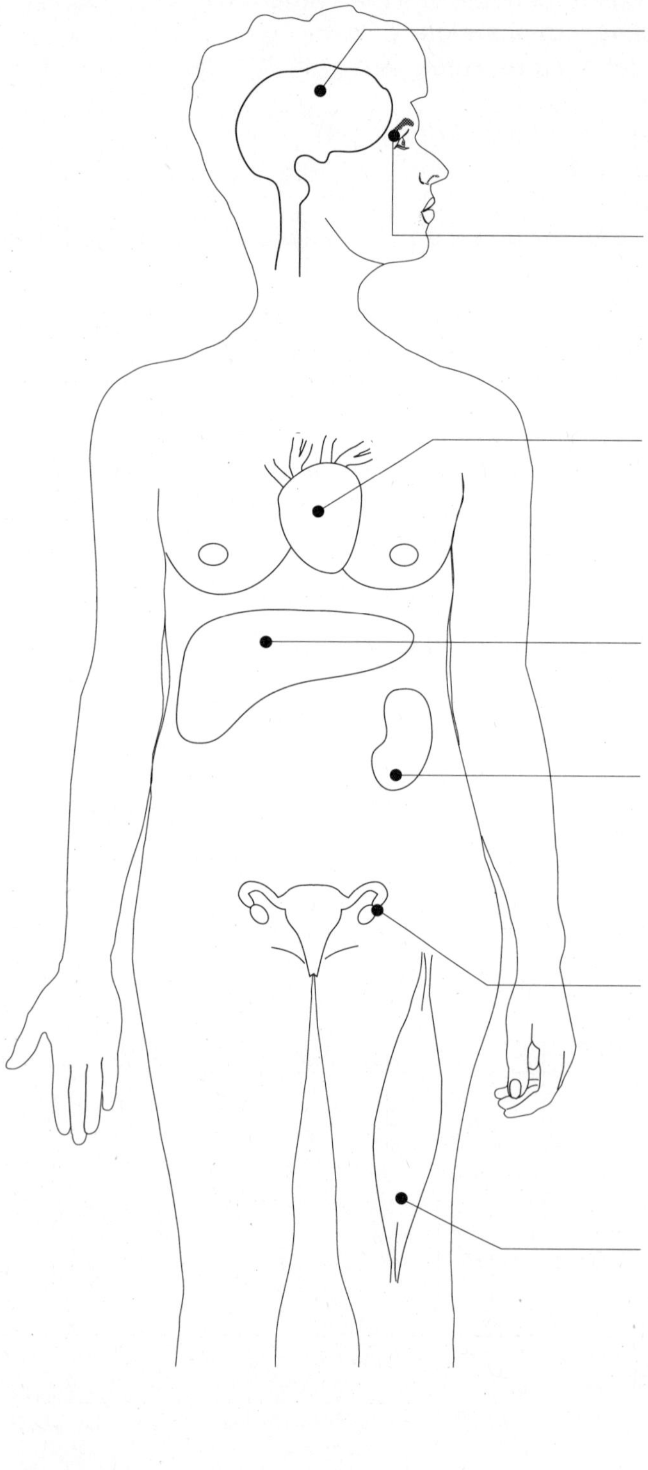

Gehirn und Nervensystem

*Nervenentzündung, Gehirnschäden,*

*Hirnblutung, Schlaganfall*

Augen

*Bindehautentzündung, Netzhautgefäßverände-*

*rungen, Sehstörungen, Altersstar, Blindheit*

Herz und Kreislauf

*Arterienverkalkung, Bluthochdruck,*

*Herzinfarkt, Durchblutungsstörungen*

Leber und Galle

*Fettleber, Leberzirrhose, Gallensteine*

Nieren

*Nierenschrumpfung,*

*Nierenversagen, Infekte*

Geschlechtsorgane

*Impotenz, Regelstörungen,*

*Früh- und Fehlgeburten,*

*Kinder mit Mißbildungen, Infekte*

Muskulatur

*Muskelschwäche,*

*Brand der Extremitäten*




ISBN 3-12-030980-X

# Die Zuckerkrankheit



1. Welches Hormon wird bei Zuckerkranken nicht in ausreichender Menge gebildet und welche Aufgabe hat es?

2. Welche Schäden werden durch die Zuckerkrankheit verursacht?

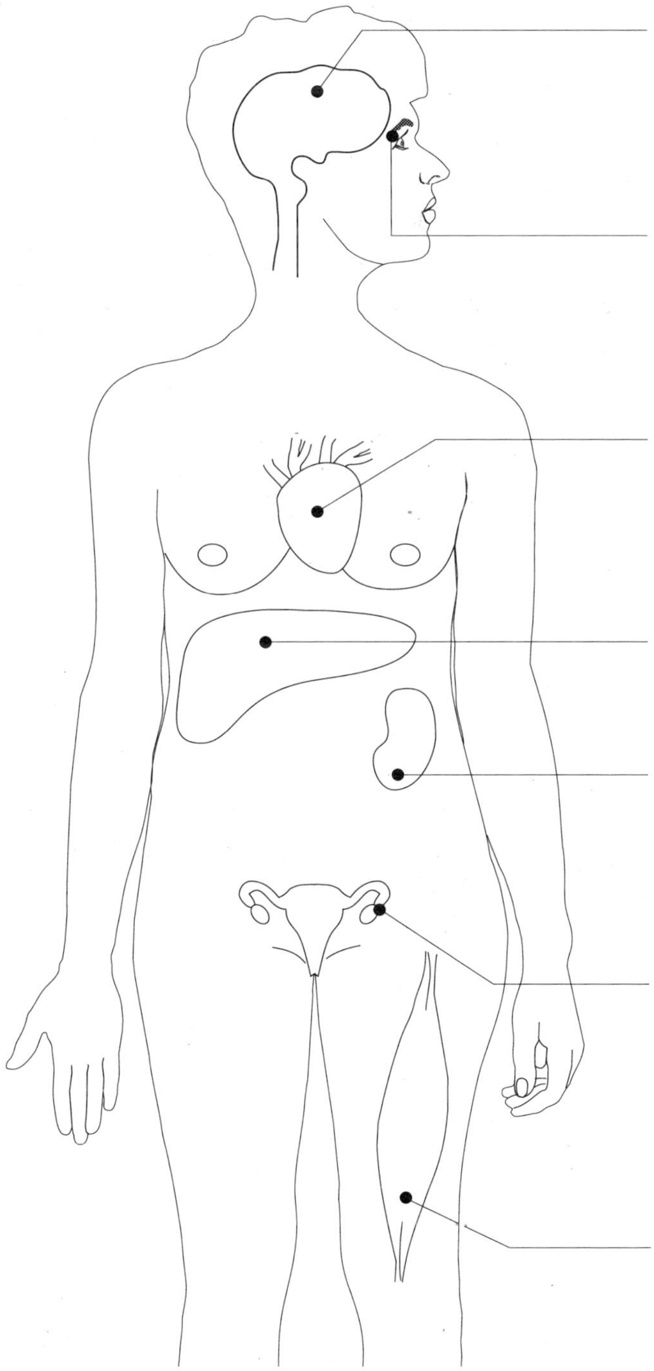

Gehirn und Nervensystem

Augen

Herz und Kreislauf

Leber und Galle

Nieren

Geschlechtsorgane

Muskulatur

**Arbeitsblätter Biologie: Menschenkunde II** **Klett**


ISBN 3-12-030980-X

1. Beschreibe die Form und die Lage der Schilddrüse.

   *Zwei Hälften, unterhalb des Kehlkopfes,*

   *vor der Speiseröhre*

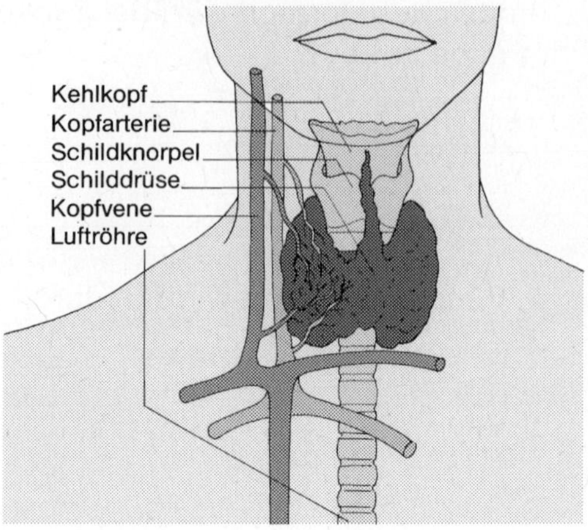


2. Welches Hormon wird von der Schilddrüse gebildet?

   *Thyroxin*

3. Wozu braucht die Schilddrüse Iod?

   *Zur Bildung von Thyroxin.*

4. Wie wirkt sich Iodmangel in der Ernährung aus?

   *Die Schilddrüse vergrößert sich, Kropfbildung.*

5. Welche Aufgaben hat das Schilddrüsenhormon?

   *Regulierung des gesamten Stoffwechsels. Grundumsatz.*

   *Bei jungen Menschen: Wachstums- und Reifungsprozesse.*

6. Was versteht man unter Grundumsatz?

   *Stoffwechsel im Ruhezustand des Körpers.*

7. Trage die folgenden Begriffe in das Regelkreisschema ein: Blut – Schilddrüse – Hypophyse – Thyroxin – Thyroxingehalt – Thyreotropin – Thyroxinabbau in der Leber.

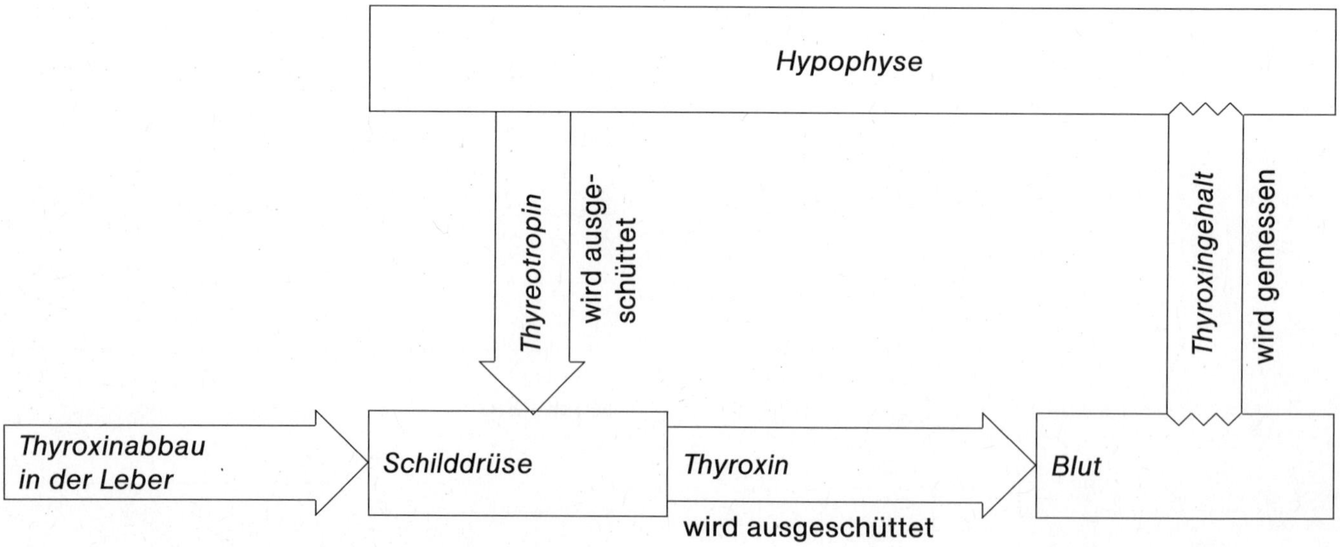





ISBN 3-12-030980-X

1. Beschreibe die Form und die Lage der Schilddrüse.

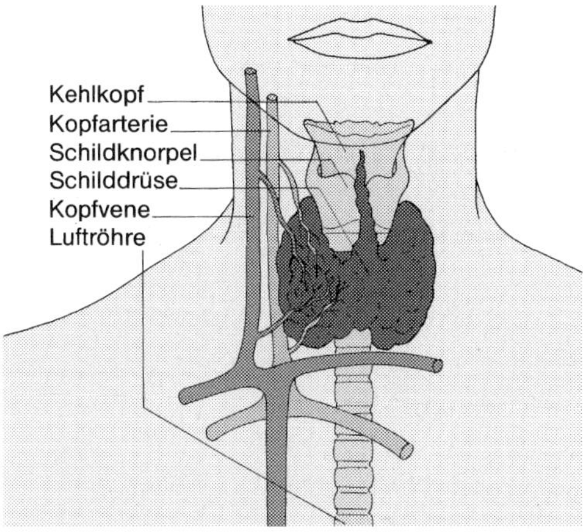


2. Welches Hormon wird von der Schilddrüse gebildet?

3. Wozu braucht die Schilddrüse Iod?

4. Wie wirkt sich Iodmangel in der Ernährung aus?

5. Welche Aufgaben hat das Schilddrüsenhormon?

6. Was versteht man unter Grundumsatz?

7. Trage die folgenden Begriffe in das Regelkreisschema ein: Blut – Schilddrüse – Hypophyse – Thyroxin – Thyroxingehalt – Thyreotropin – Thyroxinabbau in der Leber.

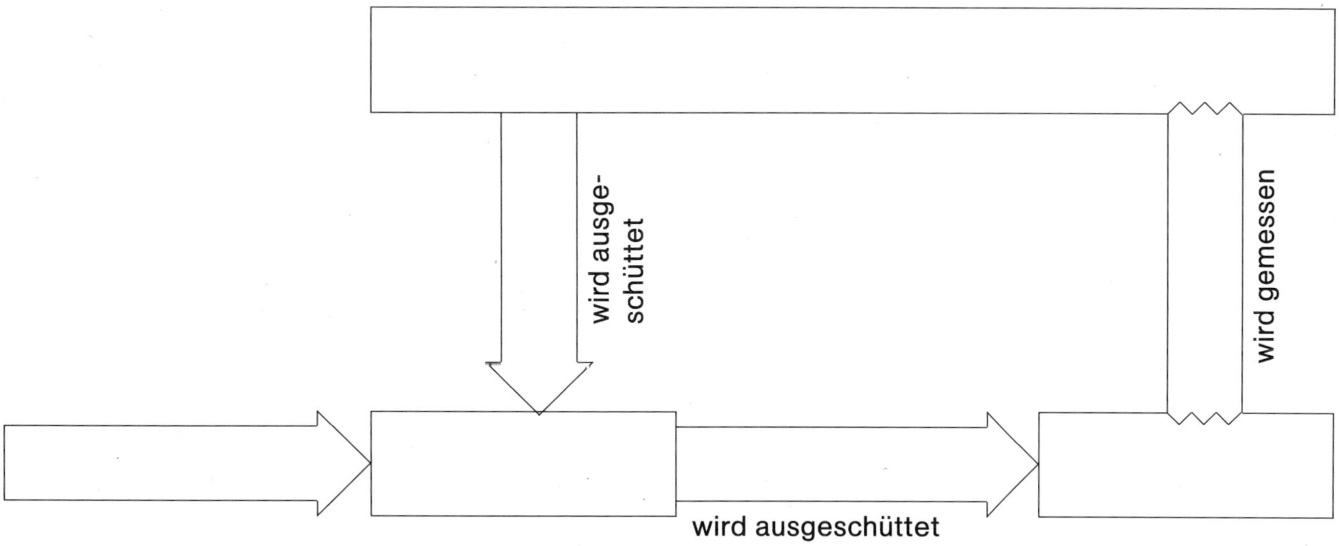






ISBN 3-12-030980-X

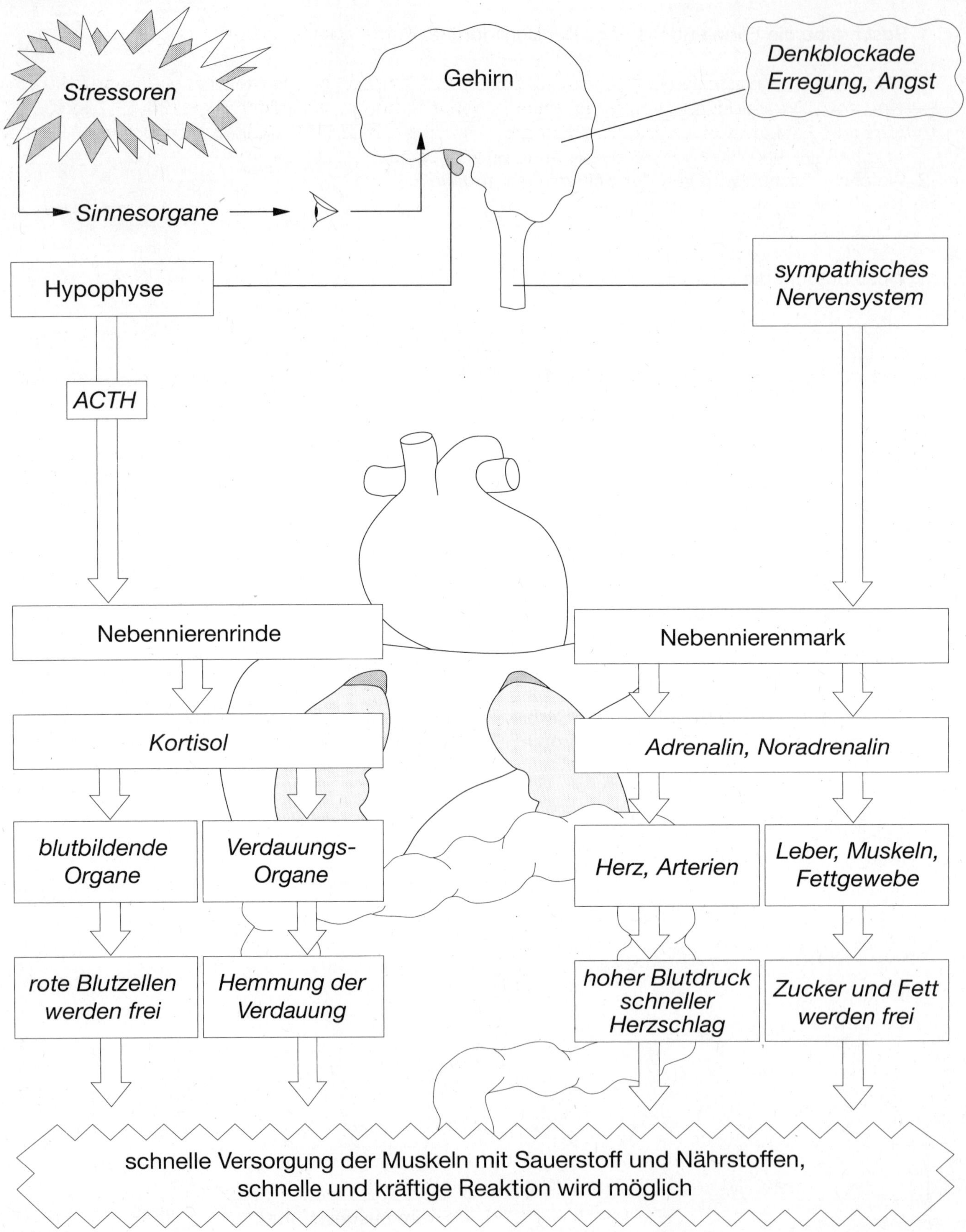





ISBN 3-12-030980-X

1. Trage die folgenden Begriffe bzw. Aussagen in die untere Abbildung ein:

   Stressoren – sympathisches Nervensystem – Verdauungsorgane – rote Blutzellen werden frei – Kortisol – Denkblockade, Erregung, Angst – hoher Blutdruck, schneller Herzschlag – Leber, Muskeln, Fettgewebe – Adrenalin, Noradrenalin – Herz, Arterien – blutbildende Organe – Zucker und Fett werden frei – ACTH – Hemmung der Verdauung

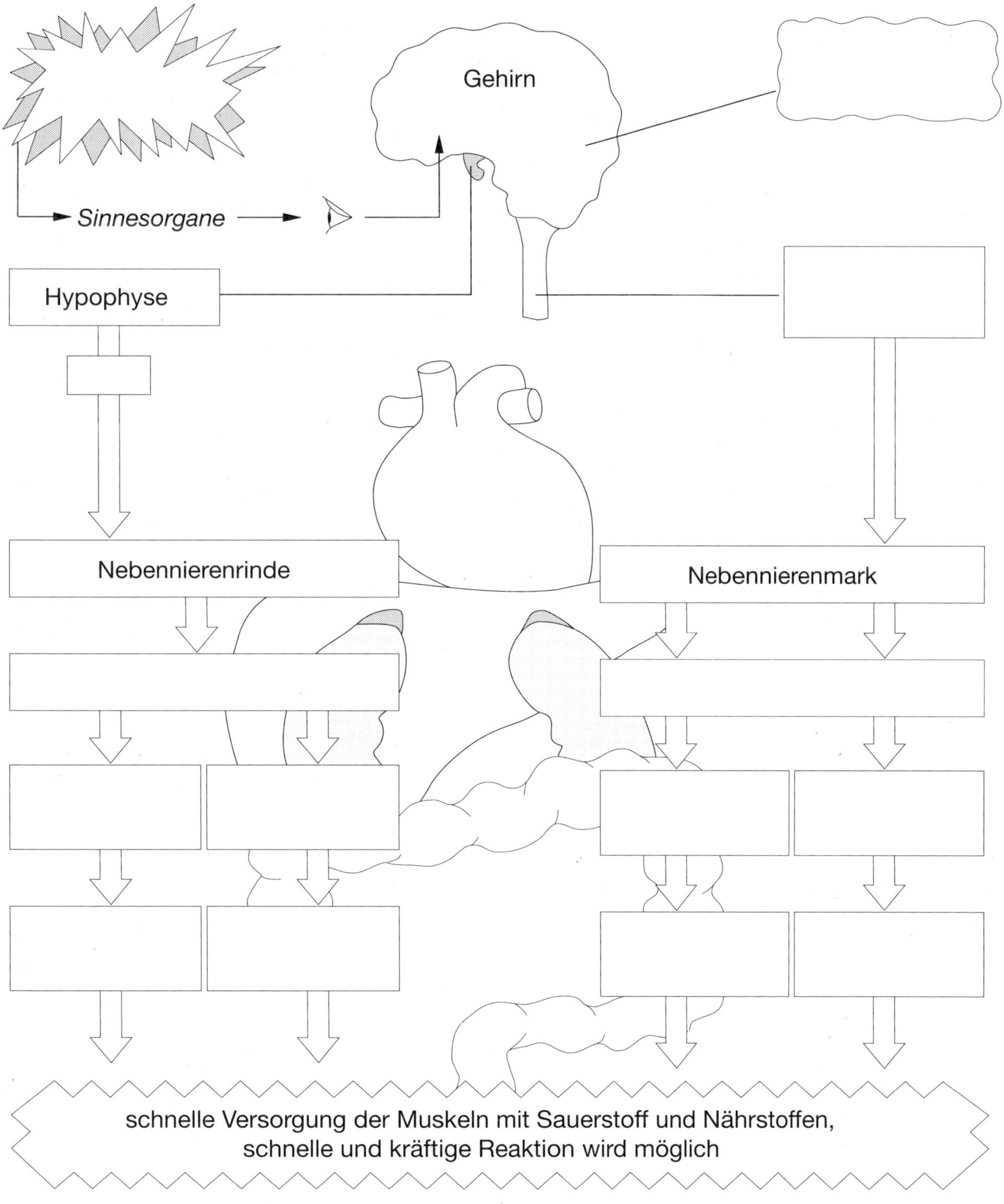




 ISBN 3-12-030980-X

1. In der Schule, am Arbeitsplatz in der Familie und in der Freizeit prallen Ansprüche der Gesellschaft, der Mitmenschen mit deinen Ansprüchen und Wünschen zusammen.
In der Tabelle findest du einige Aussagen, die auf deine Situation in der Schule zutreffen könnten.
Überlege, welche vier Aussagen für dich besonders wichtig sind. Streiche sie an.

- ☐ Ich fühle mich überfordert.
- ☐ Ich bekomme nur Rückmeldungen, wenn ich etwas nicht kann.
- ☐ Ich habe zu viel zu tun und zu wenig Zeit.
- ☐ Ich mag nicht mit den Menschen zusammenarbeiten.
- ☐ Ich fühle mich nicht unterstützt.
- ☐ Ich habe zu große Lücken.
- ☐ Ich habe Konflikte mit den Mitschülern.
- ☐ Ich muß immer anderen helfen.
- ☐ Ich weiß nicht, was ich tun soll.
- ☐ Ich habe andere Probleme, die zuerst gelöst werden müssen.
- ☐ Der Lehrer weiß nicht, was ich will.
- ☐ Ich fühle mich überarbeitet.
- ☐ Ich erwarte von mir zuviel.
- ☐ Die Eltern erwarten von mir zuviel.
- ☐ Der Lehrer erwartet von mir zuviel.
- ☐ Ich möchte nirgends Verantwortung tragen.
- ☐ Man kann bei allem nur reinfallen.
- ☐ Ich fühle mich herumkommandiert.

2. Welche Möglichkeiten siehst du, die Situation zu verbessern?

a) In der Schule: ______________________________

______________________________

______________________________

______________________________

b) Zu Hause: ______________________________

______________________________

______________________________

c) In der Freizeit: ______________________________

______________________________

______________________________



 ISBN 3-12-030980-X

In Zeitungen begegnet dir sehr häufig der Ausdruck Lebensqualität. Neben den tatsächlich vorhandenen Umwelteinflüssen wie Luft-, Nahrungs-, Wohnungs- oder Wasserqualität kommt es auch auf unser persönliches Empfinden dieser Umwelteinflüsse an. Das subjektive Wohlempfinden ist einerseits bestimmt von augenblicklichen Zuständen, andererseits von unserer Wesensart, unserem Temperament.

1. Schneide die Begriffe am unteren Rand des Arbeitsblattes aus und ordne sie nach deinem Ermessen um den Begriff „Wohlbefinden" herum. Je näher du die Begriffe um „Wohlbefinden" anordnest, desto wichtiger sind sie für dich. Plus- oder Minuszeichen auf den Verbindungslinien zwischen den Bezeichnungen und „Wohlbefinden" markieren, ob es fördernde oder beeinträchtigende Umstände sind.
2. Trage in die leerstehenden Kästchen Begriffe ein, die für dich wichtig sind.

| | | | | |
|---|---|---|---|---|
| erleben von Natur | Ruhe | Musik hören | Nähe geliebter Menschen | |
| Körper fühlen | alles von sich abschütteln | Anerkennung erhalten | genießen | |
| Lebenszufriedenheit | sich unfähig fühlen | etwas leisten müssen | etwas anstellen | |
| Kontrolle verlieren | mit sich zufrieden sein | Freude | sich etwas zutrauen | |
| Ausgeglichenheit | Sport | Alleinsein | Ziele erreichen | |
| | | | | |



 ISBN 3-12-030980-X

1. Benenne die Teile der männlichen Geschlechtsorgane.

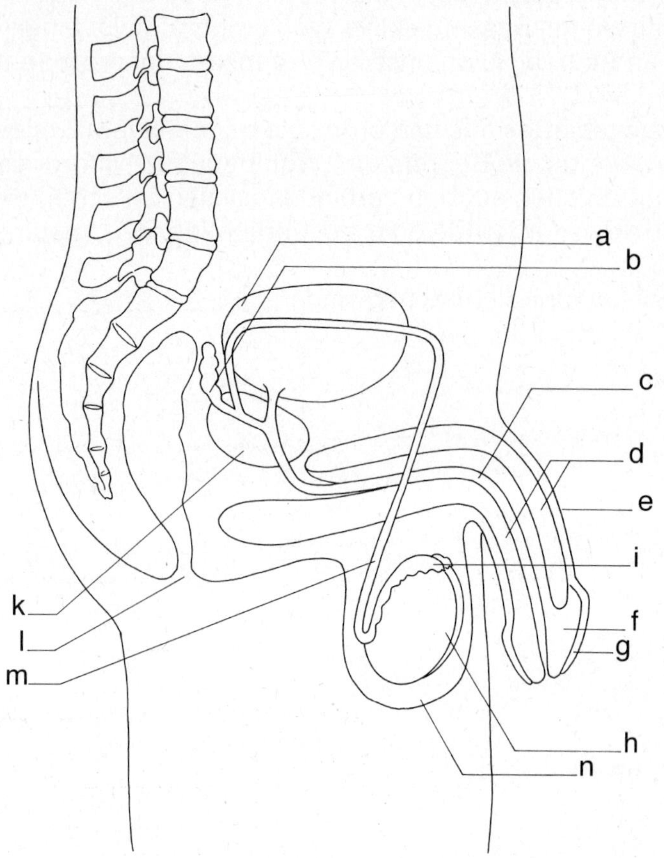


a *Harnblase*

b *Bläschendrüse*

c *Harn-Spermien-Röhre*

d *Schwellkörper*

e *Penis*

f *Eichel*

g *Vorhaut*

h *Hoden*

i *Nebenhoden*

k *Vorsteherdrüse*

l *After*

m *Spermienleiter*

n *Hodensack*

2. Beschrifte die Abbildung des Spermiums und gib jeweils die Aufgabe der einzelnen Teile an.

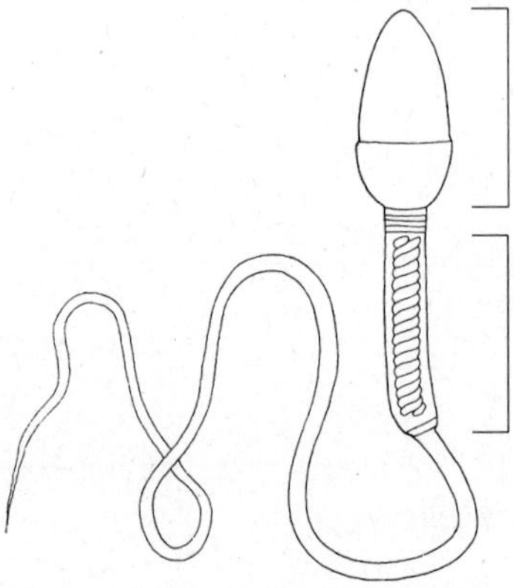

| Bezeichnung: | Aufgabe: |
|---|---|
| *Kopf* | *enthält Erbanlagen* |
| *Hals* | |
| *Mittelstück* | *liefert Energie für Fortbewegung* |
| *Schwanzfaden* | *Fortbewegung* |

3. Warum ist die Bewegungsfähigkeit der Spermien wichtig?

*Bevor die Spermien die Eizelle erreichen, müssen sie einen „langen" Weg durch Scheide, Gebärmutter und Eileiter zurücklegen.*





ISBN 3-12-030980-X

______________________

1. Benenne die Teile der männlichen Geschlechtsorgane.

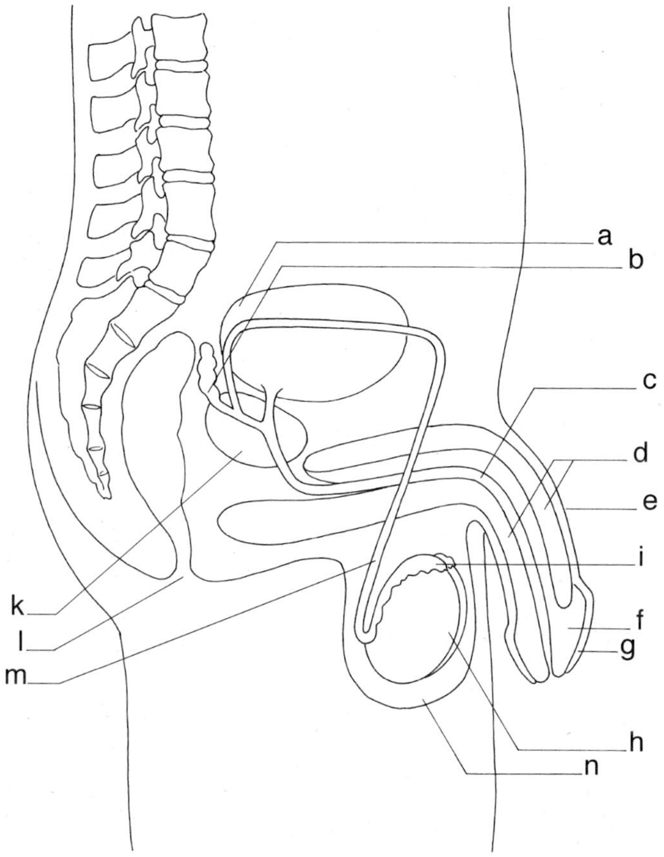


a ______________________
b ______________________
c ______________________
d ______________________
e ______________________
f ______________________
g ______________________
h ______________________
i ______________________
k ______________________
l ______________________
m ______________________
n ______________________

2. Beschrifte die Abbildung des Spermiums und gib jeweils die Aufgabe der einzelnen Teile an.

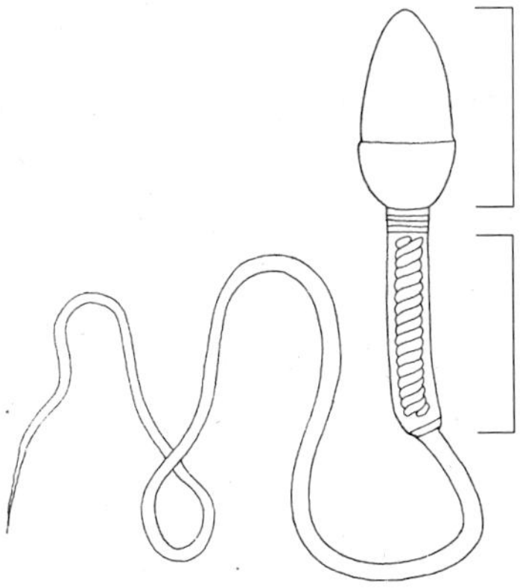

| Bezeichnung: | Aufgabe: |
| --- | --- |
| ______________ | ______________ |
| ______________ | |
| ______________ | ______________ |
| | ______________ |
| ______________ | ______________ |

3. Warum ist die Bewegungsfähigkeit der Spermien wichtig?

______________________________________________

______________________________________________




ISBN 3-12-030980-X

1. Benenne die Teile der weiblichen Geschlechtsorgane.

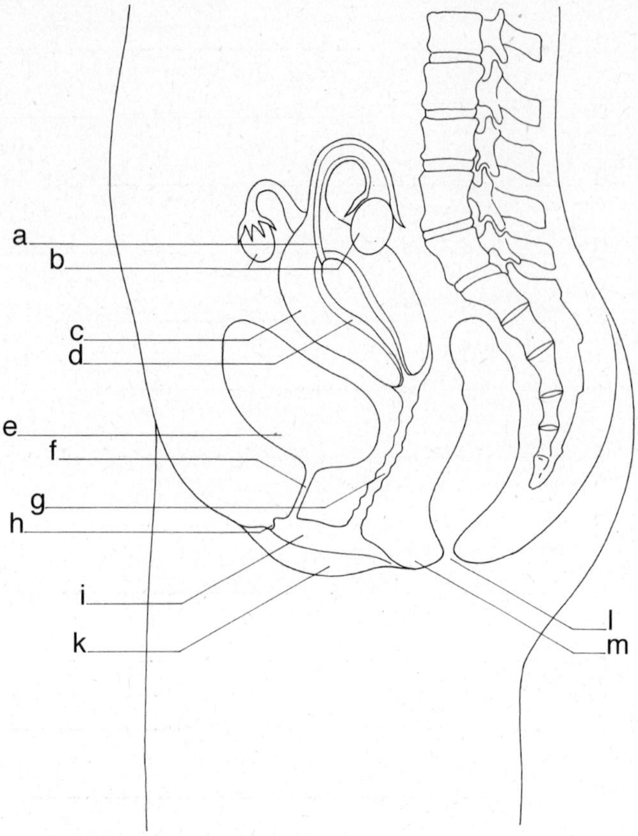


a *Eileiter*

b *Eierstöcke*

c *Gebärmutter*

d *Gebärmutterschleimhaut*

e *Harnblase*

f *Harnröhre*

g *Scheide*

h *Kitzler*

i *innere Schamlippen*

k *äußere Schamlippen*

l *After*

m *Damm*

2. Beschrifte die Abbildung der Eizelle.

*Kranzzelle*

*Eihülle*

*Eidotter*

*Eimembran*

*Zellkern*

*Eiplasma*

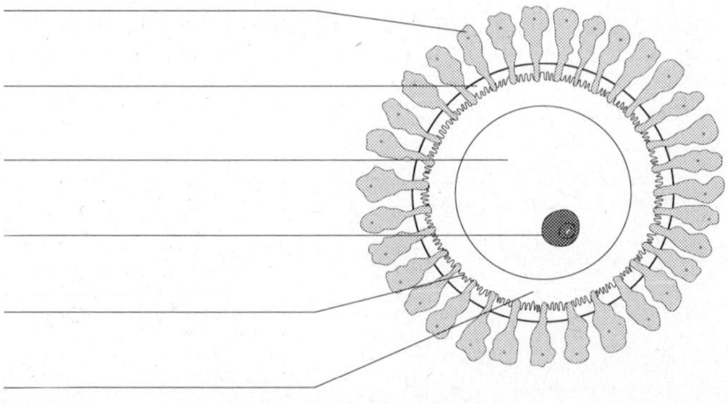

3. Trage die Unterschiede zwischen Eizelle und Spermium in die Tabelle ein.

| | Eizelle | Spermium |
|---|---|---|
| Größe und Form | *Durchmesser: 0,1 mm, rund* | *Länge: ca. 60 µm, oval mit langem Schwanzfaden* |
| Fortbewegung | *werden im Eileiter weitertransportiert* | *schwimmen durch Bewegung des Schwanzfadens* |
| Ort der Entstehung | *Eierstock* | *Hoden* |




ISBN 3-12-030980-X

1. Benenne die Teile der weiblichen Geschlechtsorgane.

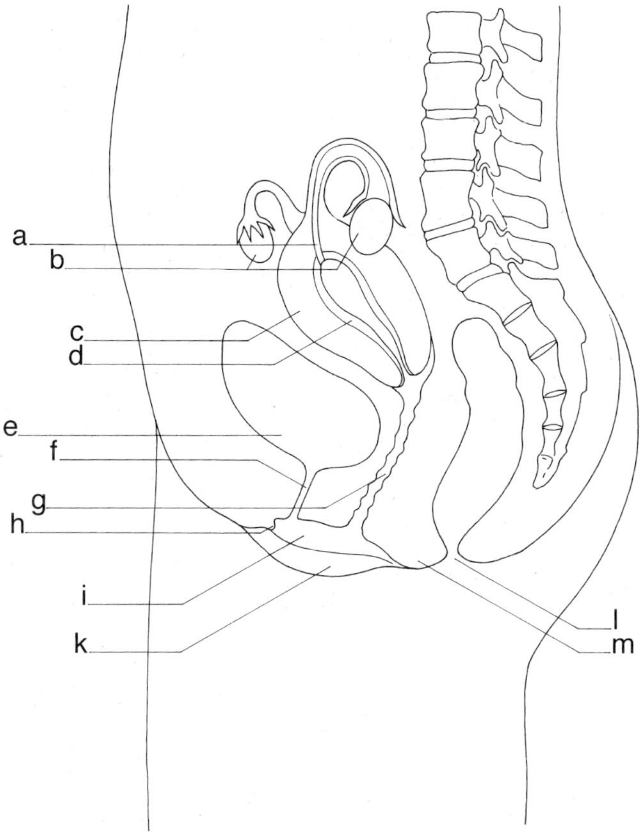


a ____________________

b ____________________

c ____________________

d ____________________

e ____________________

f ____________________

g ____________________

h ____________________

i ____________________

k ____________________

l ____________________

m ____________________

2. Beschrifte die Abbildung der Eizelle.

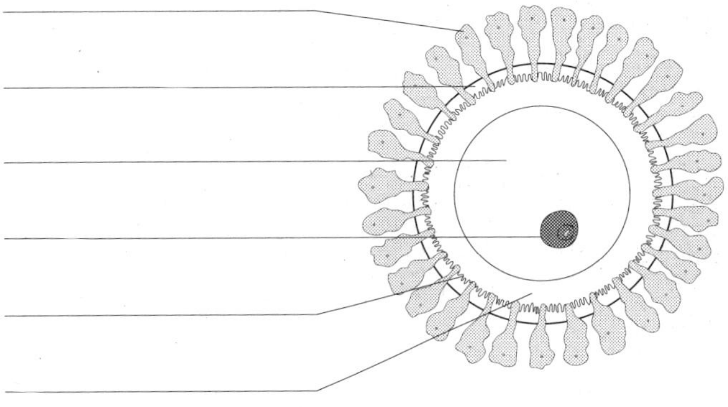

3. Trage die Unterschiede zwischen Eizelle und Spermium in die Tabelle ein.

| | Eizelle | Spermium |
|---|---|---|
| Größe und Form | | |
| Fortbewegung | | |
| Ort der Entstehung | | |




ISBN 3-12-030980-X

1. Unser Körper verändert sich in der Pubertät. Beschreibe in Stichwörtern diese Veränderungen.

a) Vom Jungen zum Mann –
äußerlich sichtbare Veränderungen:

*Wachstumsschub, Penis wird größer, Schultern werden breiter, Wachstum von Schambehaarung, Achselbehaarung, Bart, Kehlkopf tritt hervor.*

andere Veränderungen:

*Körperkraft nimmt zu, Samenflüssigkeit kann ausgestoßen werden, Stimmbruch, geistige Weiterentwicklung.*

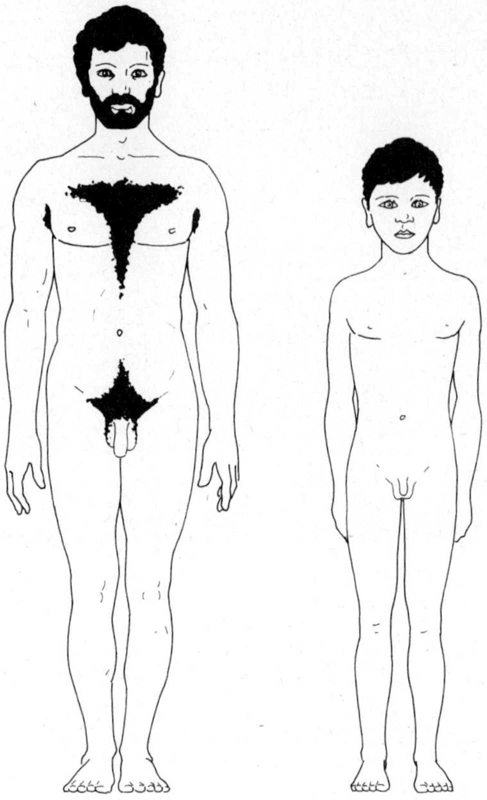

b) Vom Mädchen zur Frau –
äußerlich sichtbare Veränderungen:

*Wachstumsschub, Brüste entwickeln sich, Hüften werden breiter, Wachstum von Schambehaarung und Achselbehaarung.*

andere Veränderungen:

*Einsetzen der Menstruation, Fähigkeit Kinder zu gebären, Veränderung der Gebärmutter, geistige Weiterentwicklung.*

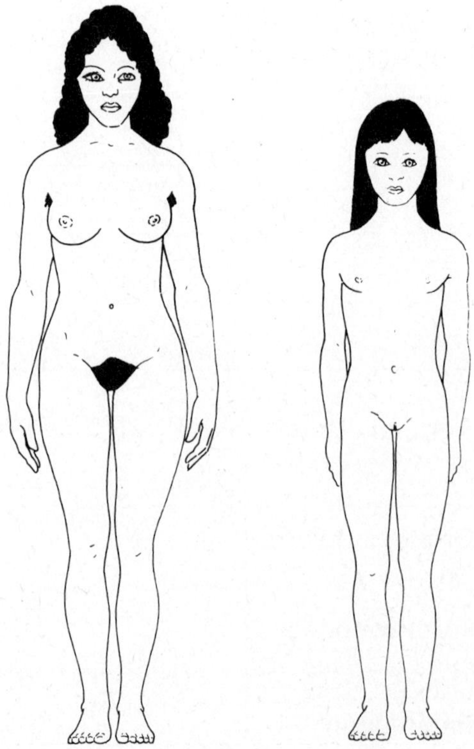




ISBN 3-12-030980-X

______________________________

1. Unser Körper verändert sich in der Pubertät. Beschreibe in Stichwörtern diese Veränderungen.

a) Vom Jungen zum Mann – äußerlich sichtbare Veränderungen:

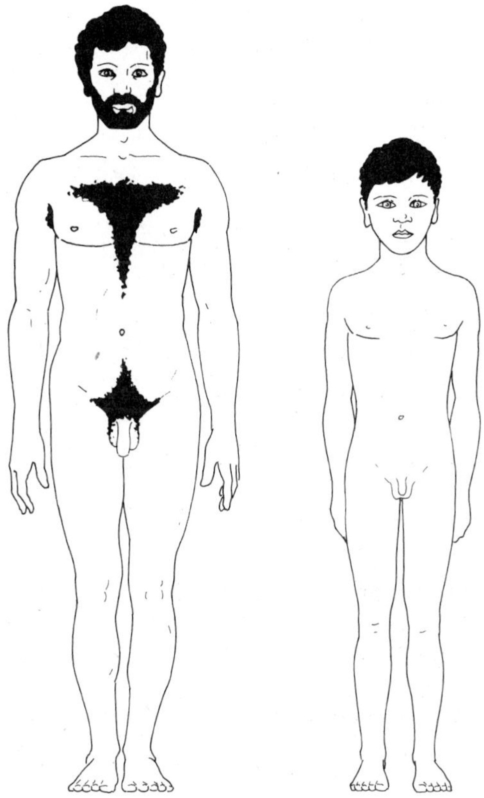

andere Veränderungen:

b) Vom Mädchen zur Frau – äußerlich sichtbare Veränderungen:

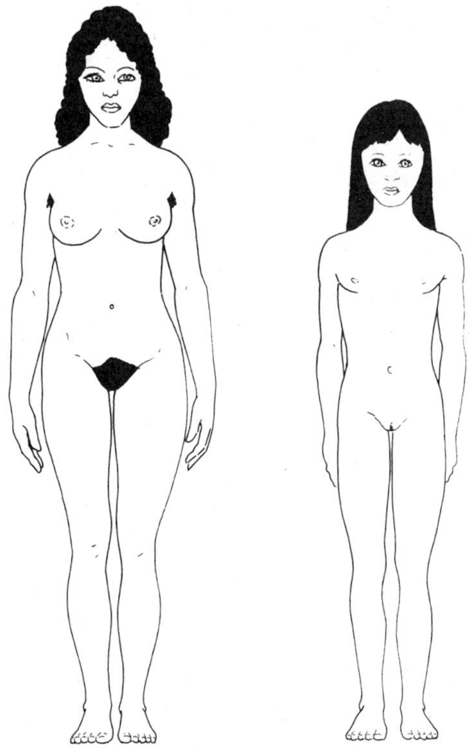

andere Veränderungen:





ISBN 3-12-030980-X

# Die Menstruation

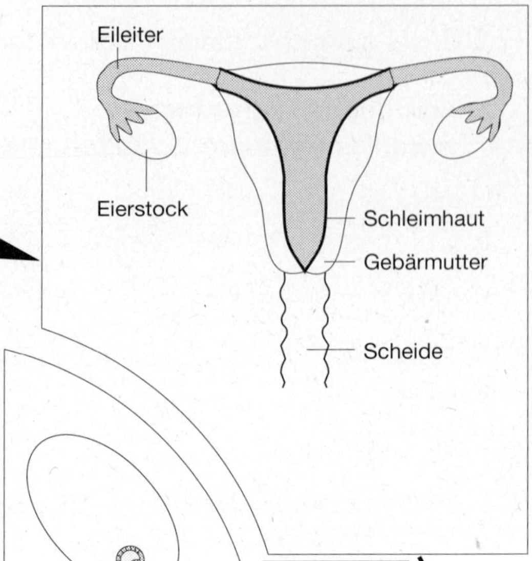


1. Woche

Im Eierstock reift in einem bläschenförmigen Gebilde, dem Follikel, eine Eizelle heran.
In der Gebärmutter wird die neue Schleimhaut aufgebaut.

Wenn die Eizelle reif ist, platzt der Follikel auf. Die Eizelle tritt aus dem Eierstock. Man nennt das Eisprung. Die Eizelle wird dann vom Eileiter aufgefangen und gelangt durch den Eileiter in die Gebärmutter.

2. Woche

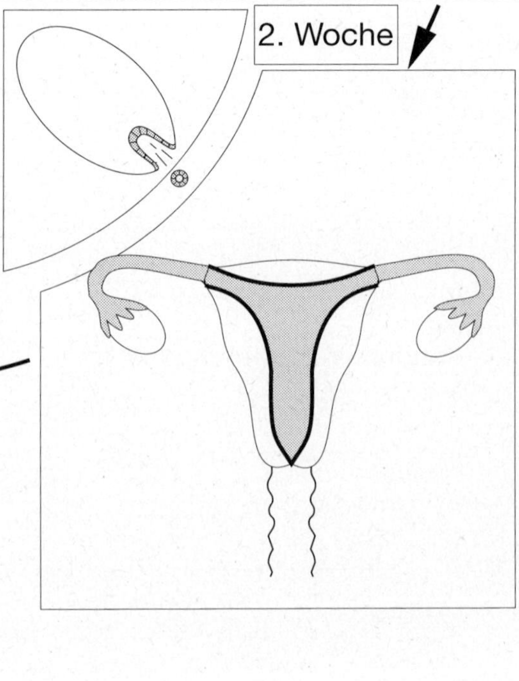

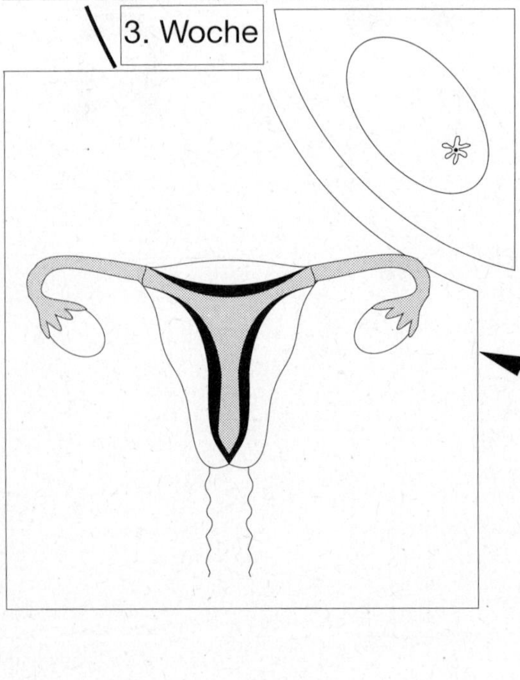

3. Woche

Die Gebärmutterschleimhaut ist inzwischen auf die vierfache Dicke angewachsen.
Nach dem Eisprung wandelt sich der Follikel in den Gelbkörper um.

Wenn die Eizelle nicht befruchtet worden ist, verkümmert der Gelbkörper. Die Hormonproduktion geht zurück, und die Schleimhaut wird abgestoßen. Dabei reißen kleine Äderchen, so daß es zu Blutungen kommt. Das Blut geht mit den Schleimhautresten durch die Scheide ab.

4. Woche

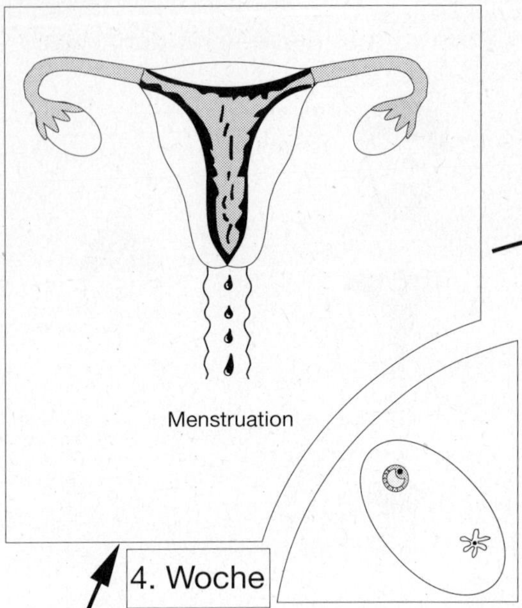





ISBN 3-12-030980-X

1. Die Abbildungen zeigen die Vorgänge in der Gebärmutter und im Eierstock während des Menstruationszyklus. Das Wort Zyklus bedeutet: regelmäßig wiederkehrender Ablauf.
Schneide die Abbildungen und Texte aus, ordne sie einander zu und klebe sie so in dein Heft, dass dieser regelmäßig wiederkehrende Ablauf von der 1. bis zur 4. Woche deutlich wird.

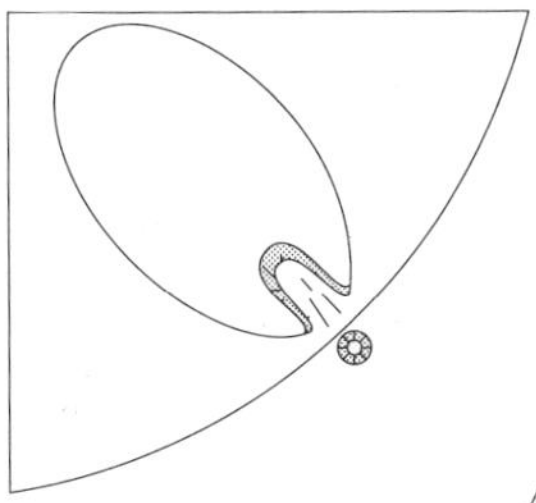

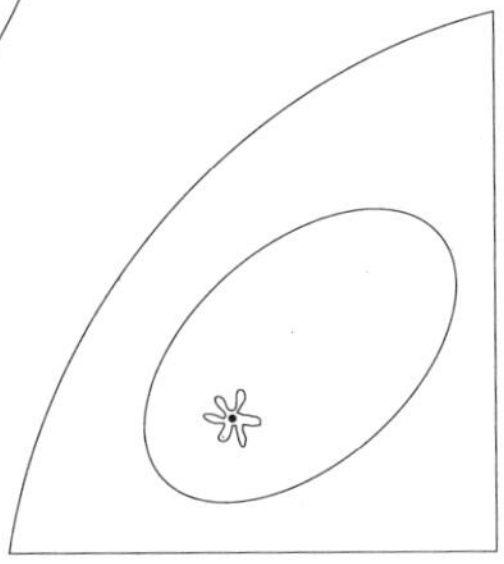

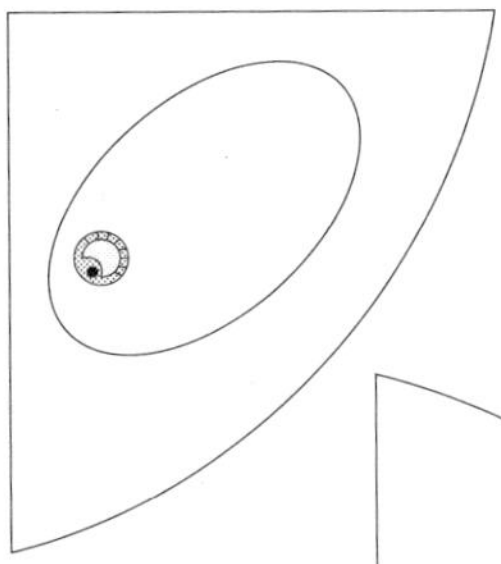

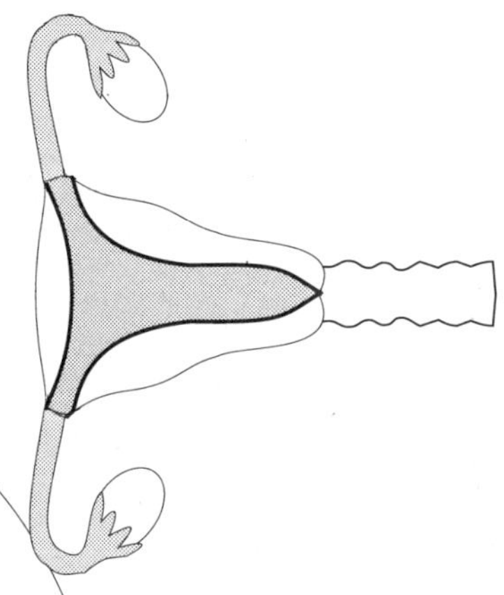

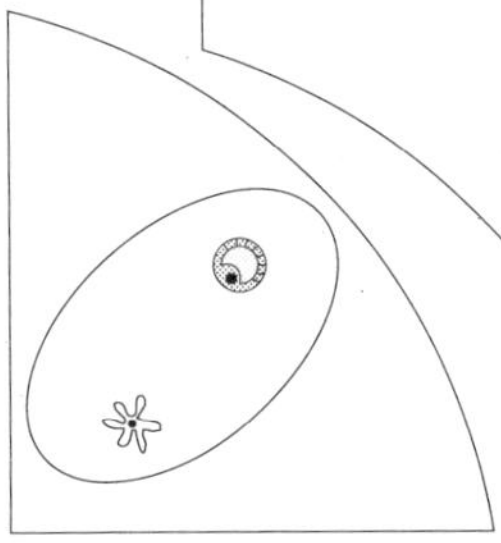

Wenn die Eizelle nicht befruchtet worden ist, verkümmert der Gelbkörper. Die Hormonproduktion geht zurück, und die Schleimhaut wird abgestoßen.Dabei reißen kleine Äderchen, so daß es zu Blutungen kommt. Das Blut geht mit den Schleimhautresten durch die Scheide ab.

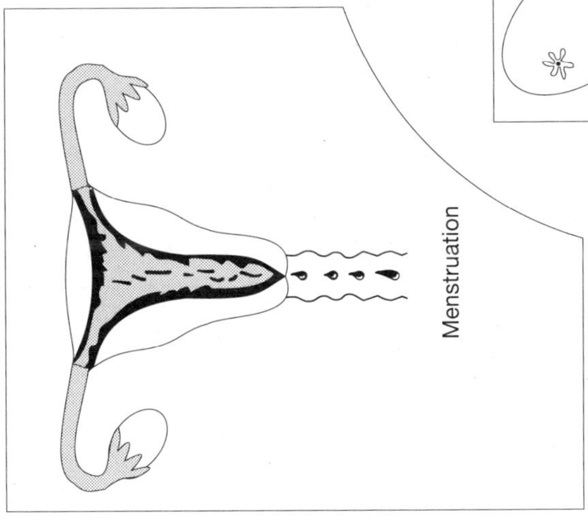


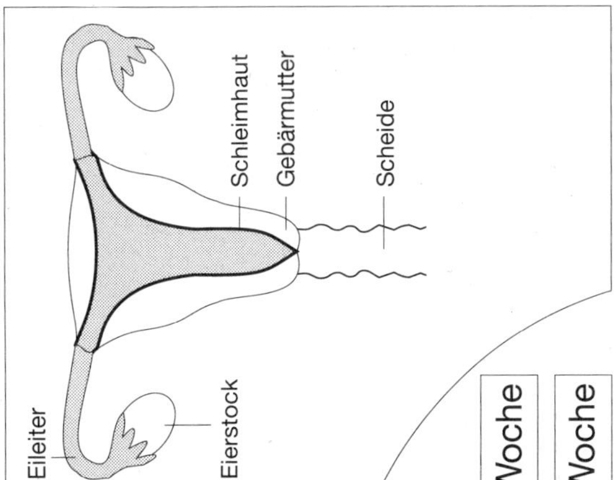


1. Woche

2. Woche

3. Woche

4. Woche

Im Eierstock reift in einem bläschenförmigen Gebilde, dem Follikel, eine Eizelle heran. In der Gebärmutter wird die neue Schleimhaut aufgebaut.

Wenn die Eizelle reif ist, platzt der Follikel auf. Die Eizelle tritt aus dem Eierstock. Man nennt das Eisprung. Die Eizelle wird dann vom Eileiter aufgefangen und gelangt durch den Eileiter in die Gebärmutter.

Die Gebärmutterschleimhaut ist inzwischen auf die vierfache Dicke angewachsen. Nach dem Eisprung wandelt sich der Follikel in den Gelbkörper um.

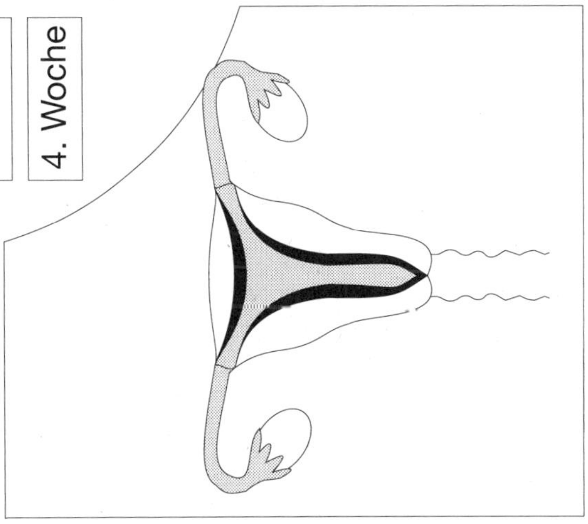



 ISBN 3-12-030980-X

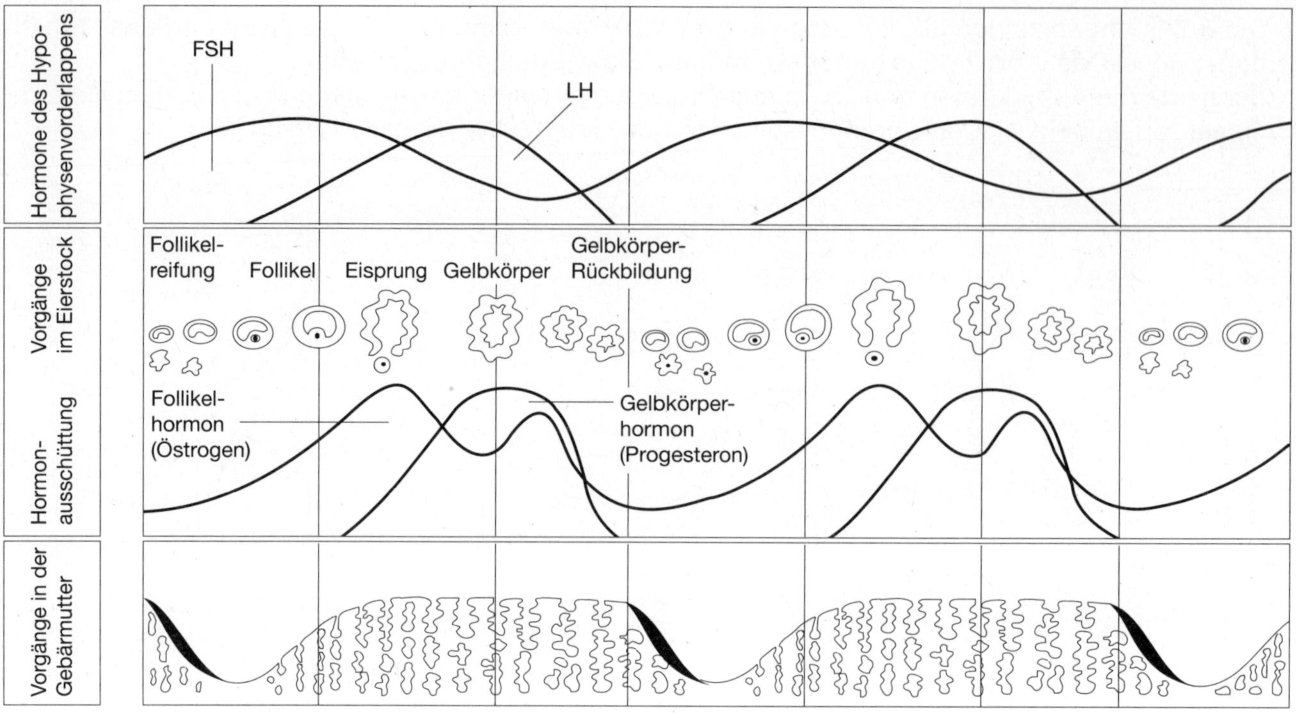


1. In der Abbildung sind die Vorgänge beim weiblichen Zyklus dargestellt. Parallel zur Eireifung im Eierstock verändert sich auch die Gebärmutterschleimhaut. Beide Vorgänge werden durch Hormone geregelt. Trage den Produktionsort und die Wirkung der Hormone in die Tabelle ein.

| Hormon | Produktionsort | Wirkung |
|---|---|---|
| FSH | *Hypophyse* | *Follikelreifung* |
| Östrogene (FH) | *Follikel* | *Hemmung von FSH,* |
| | | *Aufbau der Gebärmutterschleimhaut* |
| LH | *Hypophyse* | *bewirkt zusammen mit FSH den Eisprung* |
| | | |
| Progesteron | *Gelbkörper* | *dient der Erhaltung der Gebärmutterschleimhaut,* |
| | | *Hemmung von FSH und LH* |
| | | |

2. Was ist ein Gelbkörper?

*Nach dem Eisprung wandelt sich der geplatzte Follikel in den Gelbkörper um.*




ISBN 3-12-030980-X

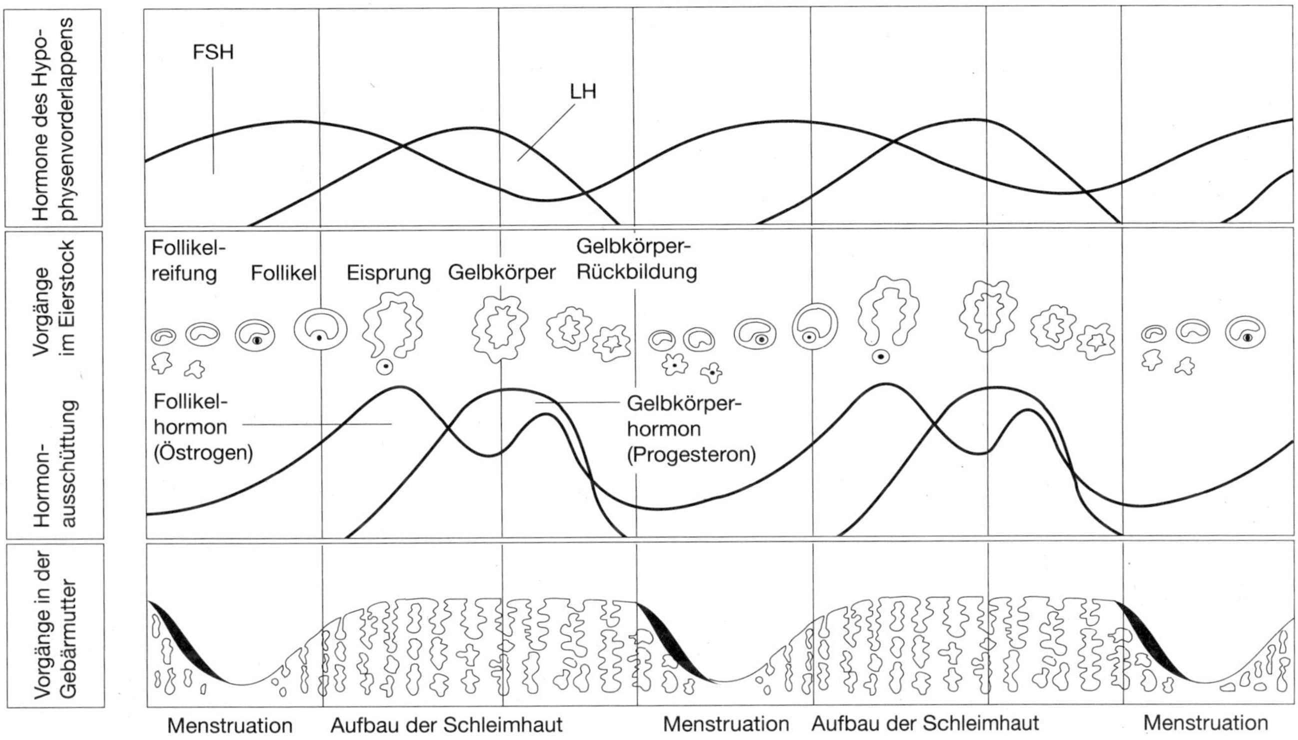


1. In der Abbildung sind die Vorgänge beim weiblichen Zyklus dargestellt. Parallel zur Eireifung im Eierstock verändert sich auch die Gebärmutterschleimhaut. Beide Vorgänge werden durch Hormone geregelt. Trage den Produktionsort und die Wirkung der Hormone in die Tabelle ein.

| Hormon | Produktionsort | Wirkung |
|---|---|---|
| FSH | | |
| Östrogene (FH) | | |
| LH | | |
| Progesteron | | |

2. Was ist ein Gelbkörper?





ISBN 3-12-030980-X

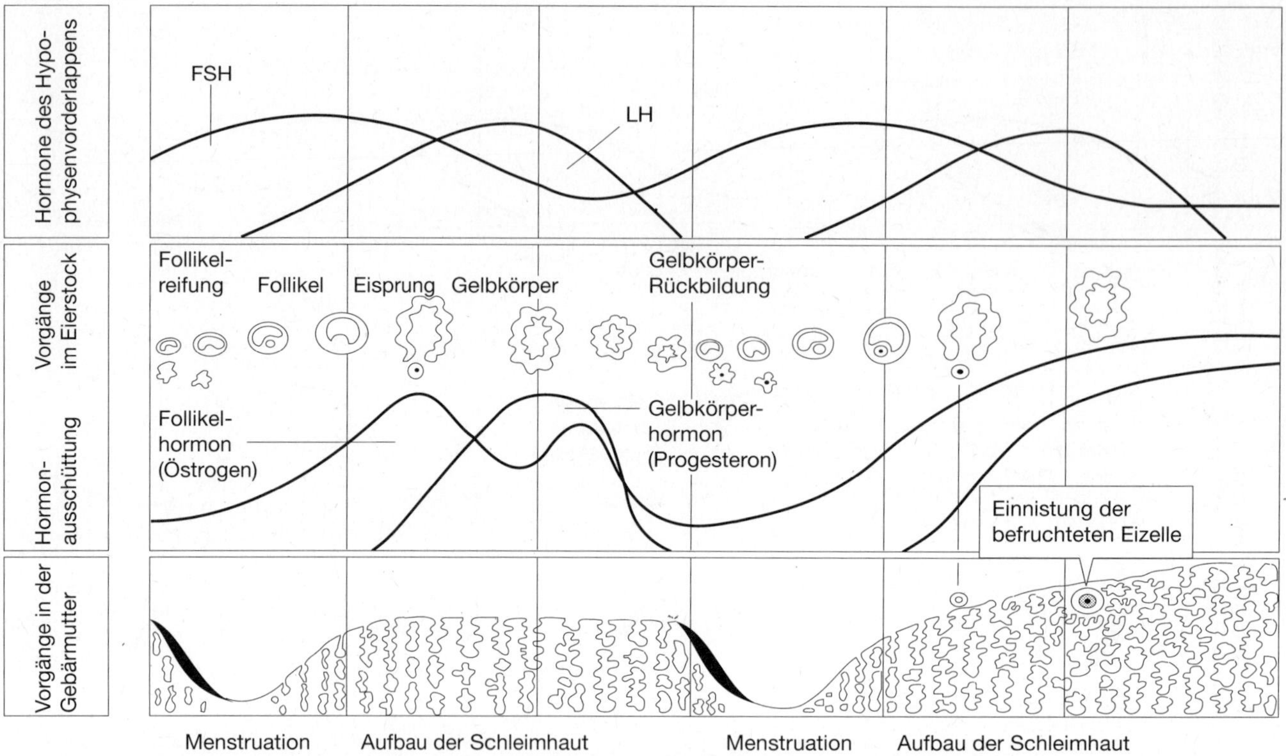


1. Die Vorgänge beim weiblichen Zyklus verändern sich, wenn eine Eizelle befruchtet worden ist. Trage die Unterschiede in die Tabelle ein.

| Eizelle | nicht befruchtet | befruchtet |
|---|---|---|
| Gelbkörper | *verkümmert* | *bildet Progesteron* |
| Gebärmutter | *Schleimhaut wird abgestoßen:* | *Schleimhaut wird weiter aufgebaut* |
| | *Menstruation* | |
| | | |
| Menstruations-zyklus | *regelmäßig wiederkehrender* | *während der Schwangerschaft* |
| | *Ablauf* | *unterbrochen* |
| FSH | *wird von Hypophyse* | *Progesteron und Östrogen* |
| | *ausgeschüttet:* | *hemmen die Ausschüttung von FSH* |
| | *Follikelreifung* | |
| LH | *wird von Hypophyse* | *Progesteron und Östrogen* |
| | *ausgeschüttet: Eisprung* | *hemmen die Ausschüttung von LH* |
| | | |




ISBN 3-12-030980-X

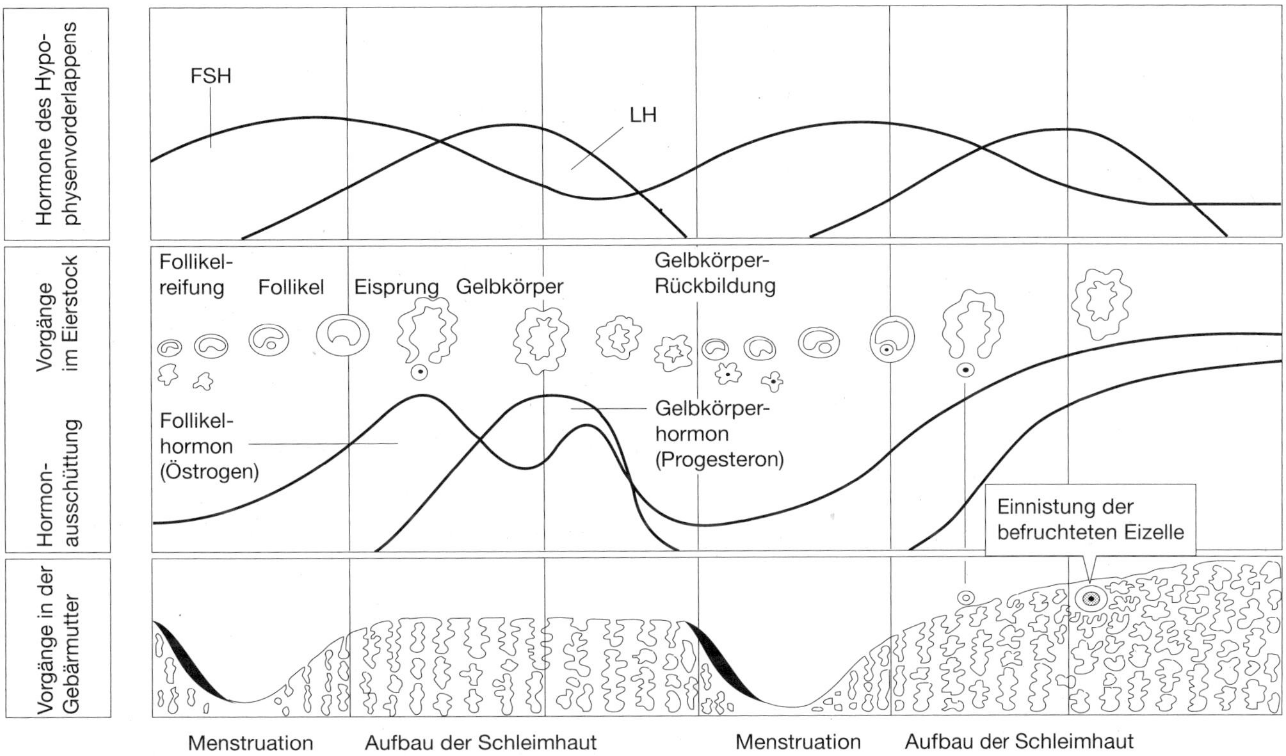


1. Die Vorgänge beim weiblichen Zyklus verändern sich, wenn eine Eizelle befruchtet worden ist. Trage die Unterschiede in die Tabelle ein.

| Eizelle | nicht befruchtet | befruchtet |
| --- | --- | --- |
| Gelbkörper | | |
| Gebärmutter | | |
| | | |
| | | |
| Menstruations-zyklus | | |
| | | |
| FSH | | |
| | | |
| | | |
| LH | | |
| | | |
| | | |



 ISBN 3-12-030980-X

1. Benenne die dargestellten Teile der weiblichen Geschlechtsorgane.

a *Eierstock* b *Eileiter* c *Gebärmutter*

2. Schneide die Kästchen am unteren Rand des Blattes aus und klebe sie an der richtigen Stelle in die Abbildung ein.

d *Follikel mit reifer Eizelle* e *Eizelle*

f *Eizelle wird von einem Spermium befruchtet*

g *Zweizellenstadium nach Zellteilung*

h *Vierzellenstadium* i *vielzelliger Keim*

k *Keim hat sich in Gebärmutterschleimhaut eingenistet*

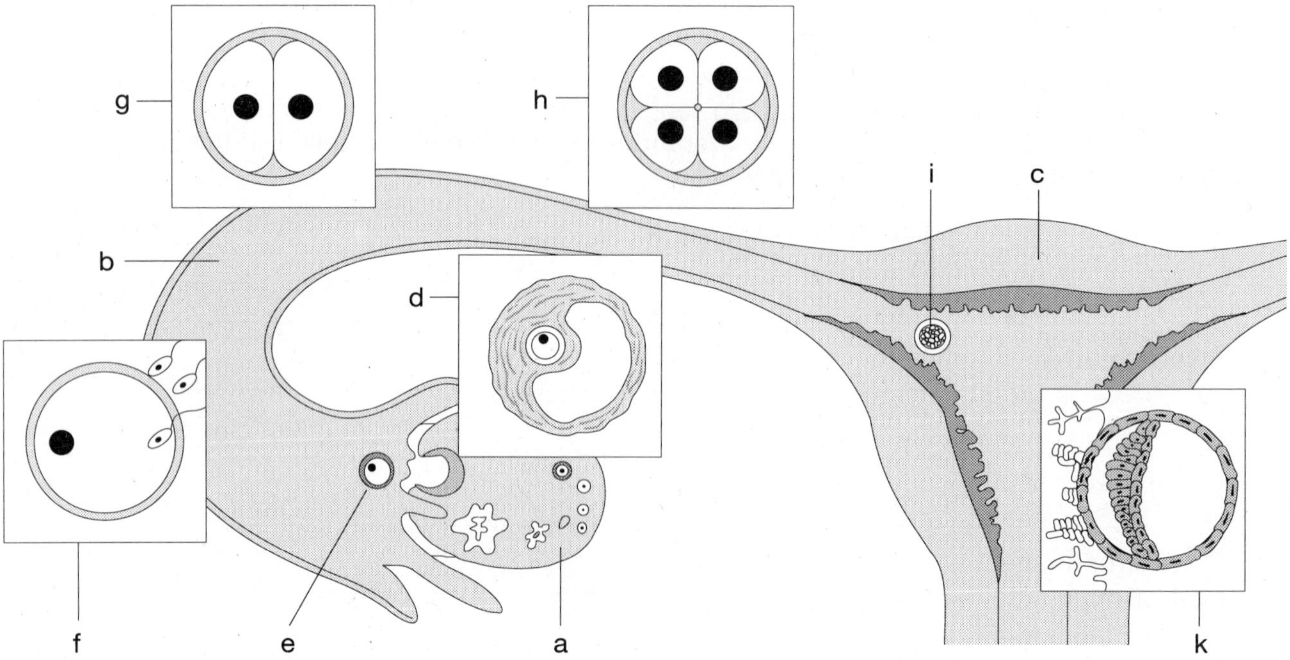


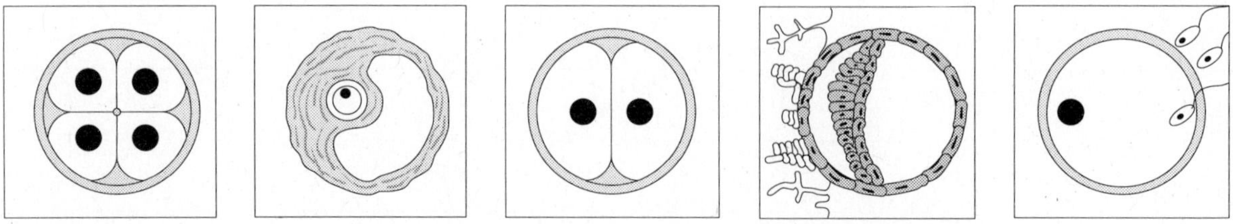




ISBN 3-12-030980-X

# Die Befruchtung der Eizelle und die Einnistung des Keims

______________________________

1. Benenne die dargestellten Teile der weiblichen Geschlechtsorgane.

a ______________ b ______________ c ______________

2. Schneide die Kästchen am unteren Rand des Blattes aus und klebe sie an der richtigen Stelle in die Abbildung ein.

d ______________ e ______________

f ______________

g ______________

h ______________ i ______________

k ______________

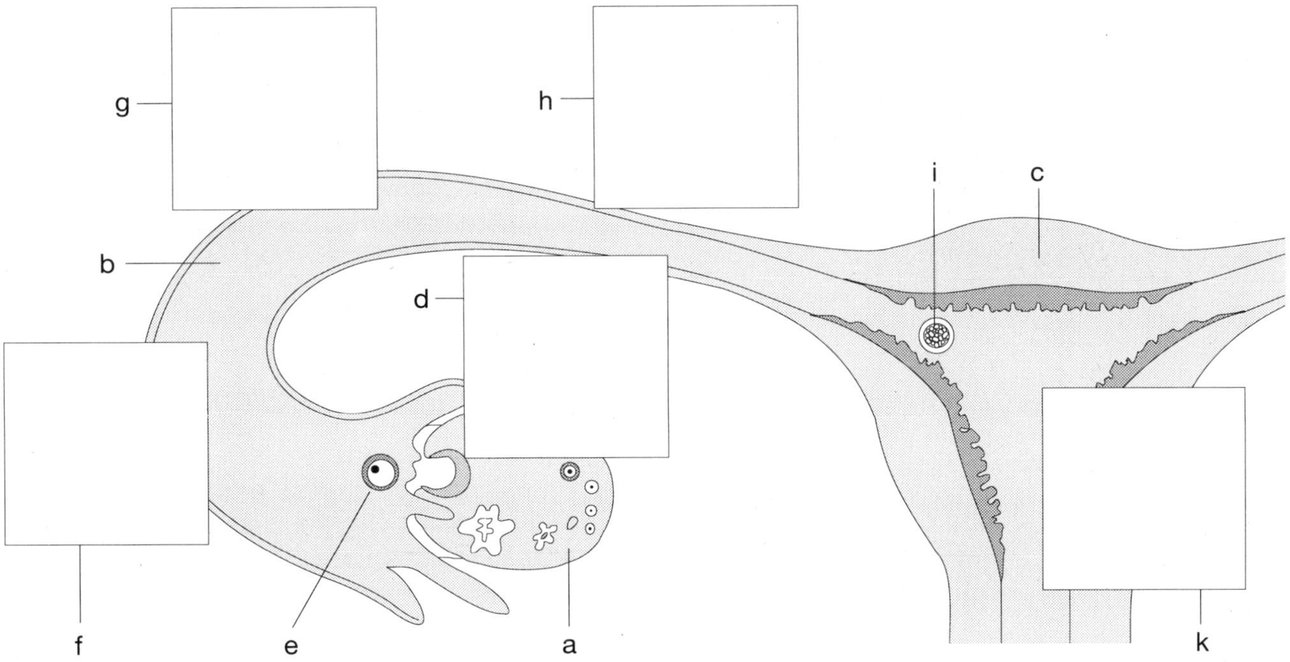


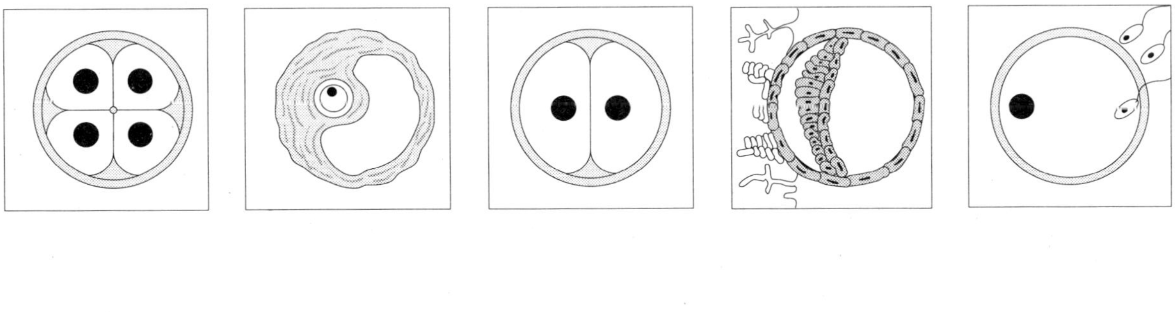




ISBN 3-12-030980-X

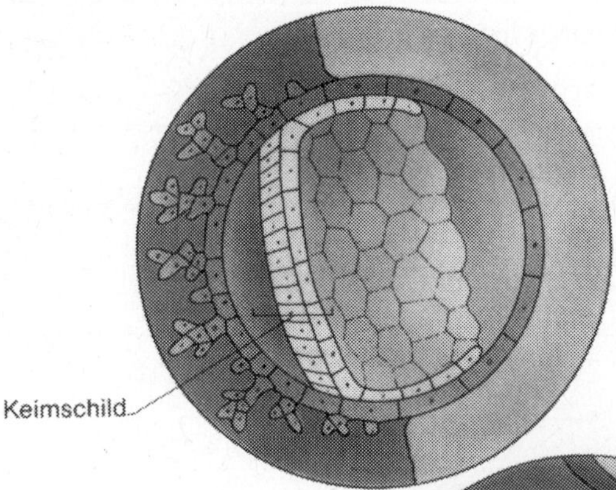


1 Woche nach der Befruchtung:
Keim hat sich in der Gebärmutterschleimhaut eingenistet. Länge ca. 1 mm. Gebärmutterschleimhaut und Hüllzellen entwickeln sich zur Plazenta.
Keim entwickelt sich zum Embryo.

Nach 2 Wochen:
Embryo liegt im Fruchtwasser der Fruchtblase. Länge ca. 3 mm. Embryo wird durch die Plazenta über den Blutkreislauf der Mutter versorgt. Embryo ist mit der Plazenta über die Nabelschnur verbunden.

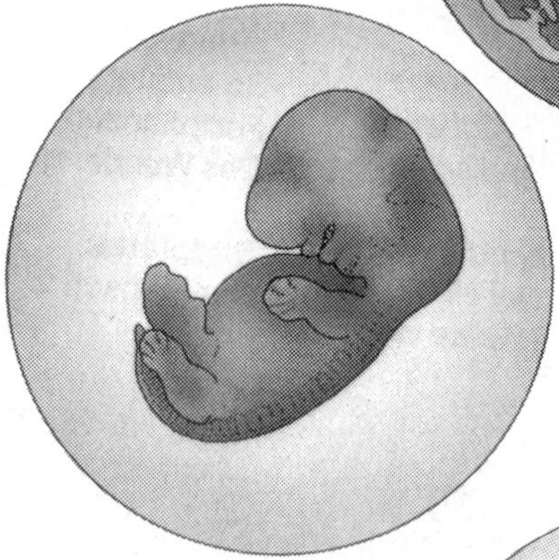

Nach 6 Wochen:
Kopf, Augenanlagen, Arm- und Beinknospen sind zu erkennen. Länge ca. 10 mm.
Das Herz schlägt schon.

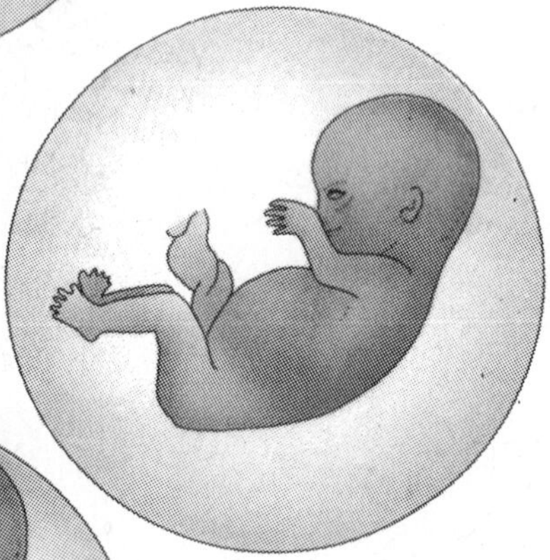

Nach 9 Wochen:
Gesichtszüge sind zu erkennen.
Alle inneren Organe sind angelegt.
Geschlechtsorgane bilden sich aus.
Länge ca. 20 mm.
Man nennt das Kind, das im Mutterleib heranwächst, ab jetzt Fetus.

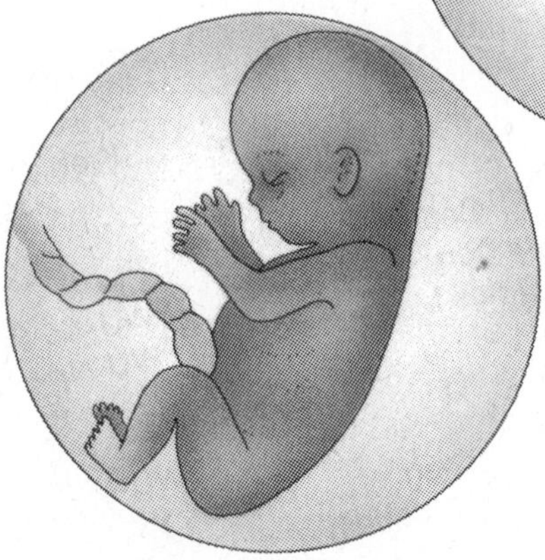

Nach 7 Monaten:
Die Entwicklung des Fetus ist abgeschlossen.
Das Kind wäre schon lebensfähig.
Länge ca. 30 cm.
Der Fetus wird ab jetzt nur noch länger und schwerer.




ISBN 3-12-030980-X

1. Schneide die Texte und die Abbildungen aus, ordne sie einander zu und klebe sie in der richtigen Reihenfolge in dein Heft.

1 Woche nach der Befruchtung:
Keim hat sich in der Gebärmutterschleimhaut eingenistet. Länge ca. 1 mm. Gebärmutterschleimhaut und Hüllzellen entwickeln sich zur Plazenta.
Keim entwickelt sich zum Embryo.

Nach 2 Wochen:
Embryo liegt im Fruchtwasser der Fruchtblase. Länge ca. 3 mm. Embryo wird durch die Plazenta über den Blutkreislauf der Mutter versorgt. Embryo ist mit der Plazenta über die Nabelschnur verbunden.

Nach 6 Wochen:
Kopf, Augenanlagen, Arm- und Beinknospen sind zu erkennen. Länge ca. 10 mm.
Das Herz schlägt schon.

Nach 9 Wochen:
Gesichtszüge sind zu erkennen.
Alle inneren Organe sind angelegt.
Geschlechtsorgane bilden sich aus.
Länge ca. 20 mm.
Man nennt das Kind, das im Mutterleib heranwächst, ab jetzt Fetus.

Nach 7 Monaten:
Die Entwicklung des Fetus ist abgeschlossen.
Das Kind wäre schon lebensfähig.
Länge ca. 30 cm.
Der Fetus wird ab jetzt nur noch länger und schwerer.

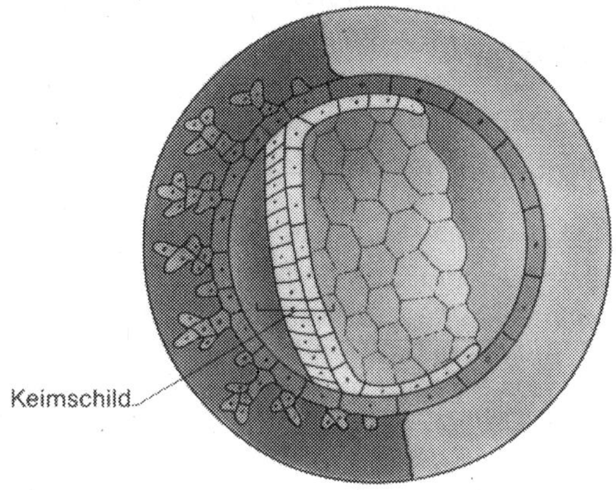


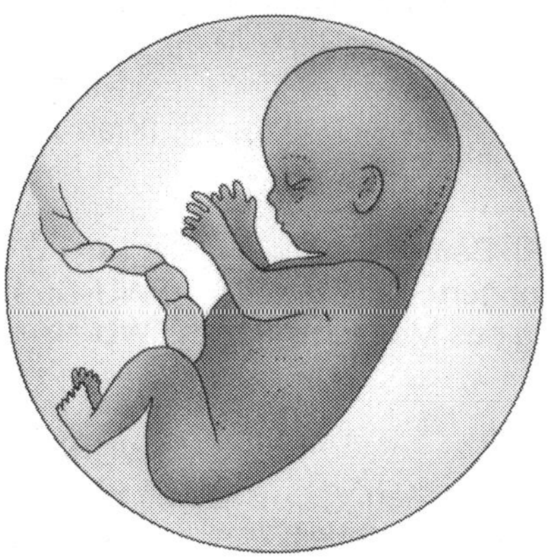

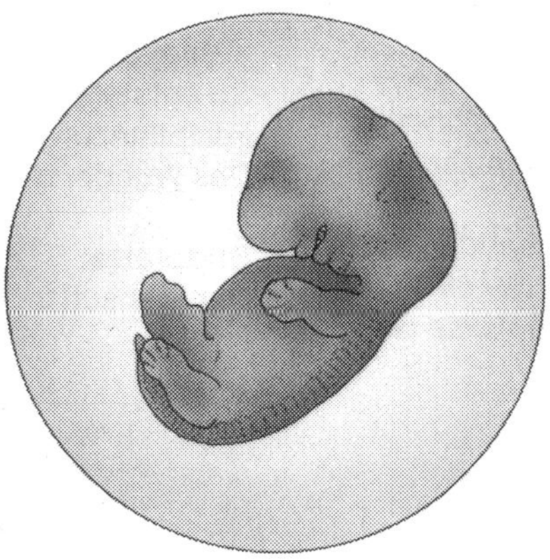

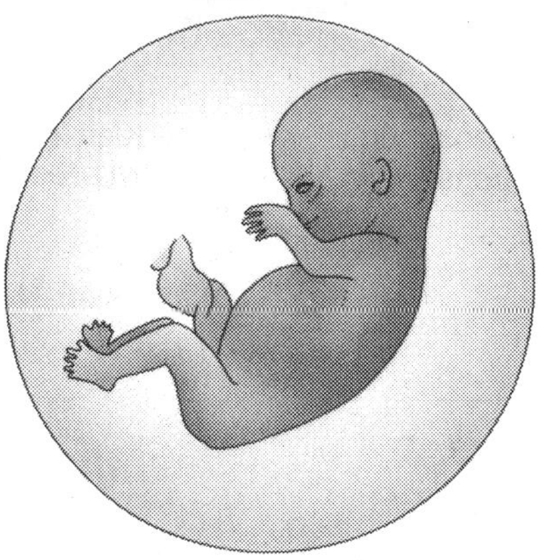




ISBN 3-12-030980-X

1. In der Abbildung ist ein Ausschnitt aus der Gebärmutter und der Plazenta dargestellt.
a) Trage folgende Begriffe in die Zeichnung ein: Gebärmutter – Plazenta – Nabelschnur – Vene der Mutter – Arterie der Mutter – Nabelarterien – Nabelvene – Zotte – Plazentaschranke.

b) Male die Arterien rot und die Venen blau an.

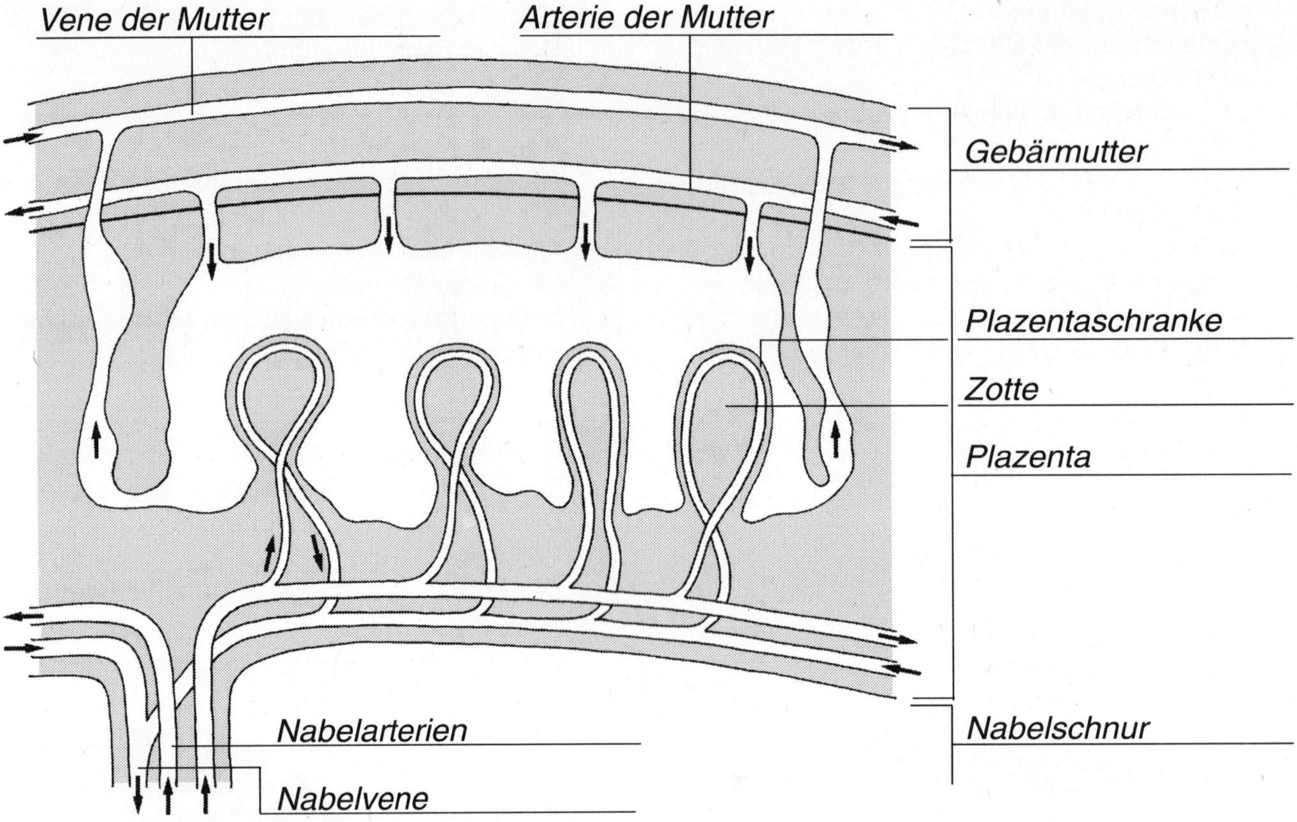


2. Welche Aufgabe hat die Plazenta?

*Durch die Plazenta findet der gesamte Stoffaustausch statt.*

*Der Fetus wird durch das Blut des mütterlichen Kreislaufs mit Nährstoffen und Sauerstoff versorgt.*

3. Erkläre den Begriff Plazentaschranke. Von welchem Körperteil wird sie gebildet, und welche Aufgabe hat sie?

*Die Plazentaschranke wird von den Wänden der Blutgefäße des Fetus gebildet. Sie trennt das Blutkreislaufsystem des Fetus von dem der Mutter. Sie ist undurchlässig für Blutzellen und Blutplättchen, aber durchlässig für Sauerstoff, Kohlenstoffdioxid, Zucker und Aminosäuren – und auch für Alkohol, Arzneimittel und Rauschgift.*




ISBN 3-12-030980-X

1. In der Abbildung ist ein Ausschnitt aus der Gebärmutter und der Plazenta dargestellt.
a) Trage folgende Begriffe in die Zeichnung ein: Gebärmutter – Plazenta – Nabelschnur – Vene der Mutter – Arterie der Mutter – Nabelarterien – Nabelvene – Zotte – Plazentaschranke.

b) Male die Arterien rot und die Venen blau an.

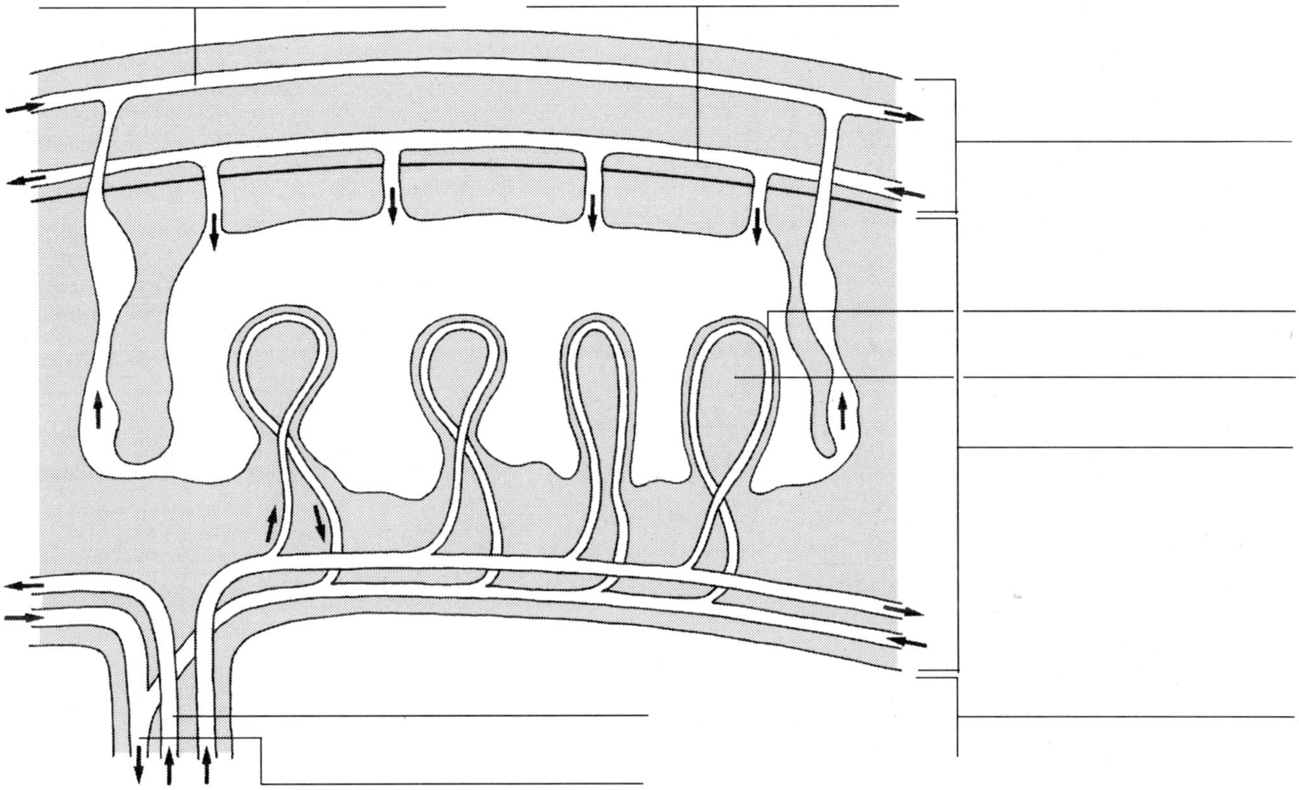

2. Welche Aufgabe hat die Plazenta?

3. Erkläre den Begriff Plazentaschranke. Von welchem Körperteil wird sie gebildet, und welche Aufgabe hat sie?



 ISBN 3-12-030980-X

1. Das Diagramm zeigt die Ausbildung der Organe während der Entwicklung im Mutterleib.

a) Welche Organe sind als erste vollständig entwickelt?

*Leber und Herz*

b) Weshalb ist die frühzeitige Entwicklung wichtig?

*Fetus wird zwar von der Mutter versorgt,*

*Herz muss aber den kindlichen Kreislauf*

*antreiben.*

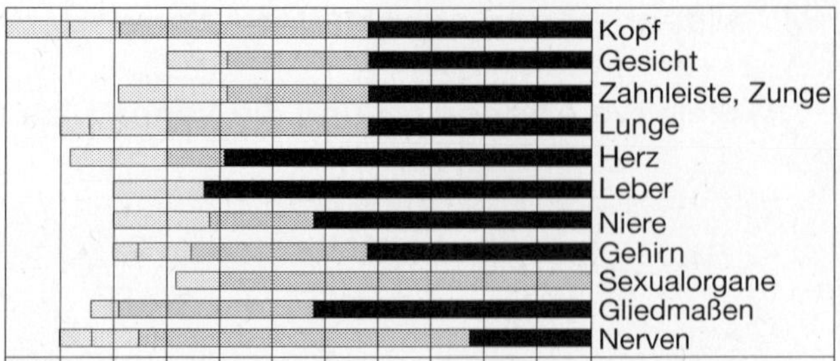


| | | | | | | | | | | | |
|---|---|---|---|---|---|---|---|---|---|---|---|
| 0,002 | 1 | 4 | 9 | 16 | 25 | 30 | 35 | 40 | 45 | 52 | Körpergröße in cm |
| 0,01 | 6 | 11 | 40 | 170 | 500 | 800 | | 2300 | | 3500 | Körpergewicht in g |
| | 1. | 2. | 3. | 4. | 5. | 6. | 7. | 8. | 9. | 10. | Monat |
| Zygote | Embryo | | | Fetus | | | | | | | |

Beginn der Ausprägung – deutlich erkennbar – gut entwickelt – voll entwickelt

2. Versuche mit Hilfe des Diagramms herauszufinden, welche Entwicklungsstadien in den Abbildungen dargestellt sind. Gib jeweils den Monat an.

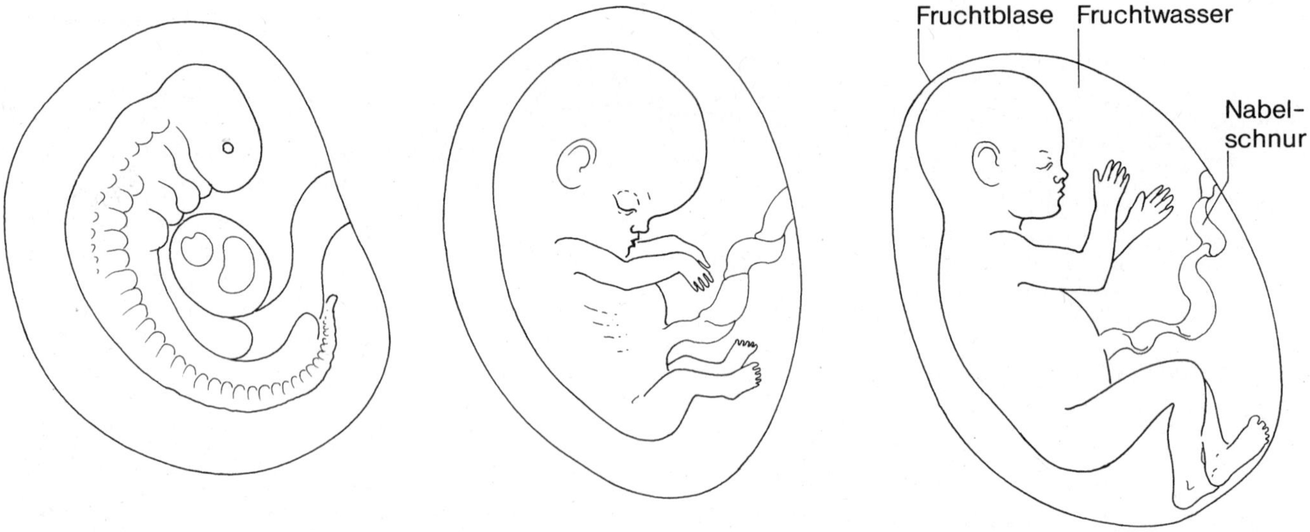


*1. Monat* | *3. Monat* | *9. Monat*

3. Wodurch kann die Entwicklung des Embryos gestört werden?

*Einnahme von Medikamenten, Drogenkonsum, Alkohol und Nikotin während der Schwangerschaft.*

4. In welchem Entwicklungsabschnitt können die Auswirkungen besonders schwerwiegend sein? Erkläre.

*In den ersten drei Monaten. Die meisten Organe sind noch nicht vollständig entwickelt.*

*Es können Missbildungen auftreten.*




ISBN 3-12-030980-X

# Die Ausbildung der Organe

1. Das Diagramm zeigt die Ausbildung der Organe während der Entwicklung im Mutterleib.

a) Welche Organe sind als erste vollständig entwickelt?

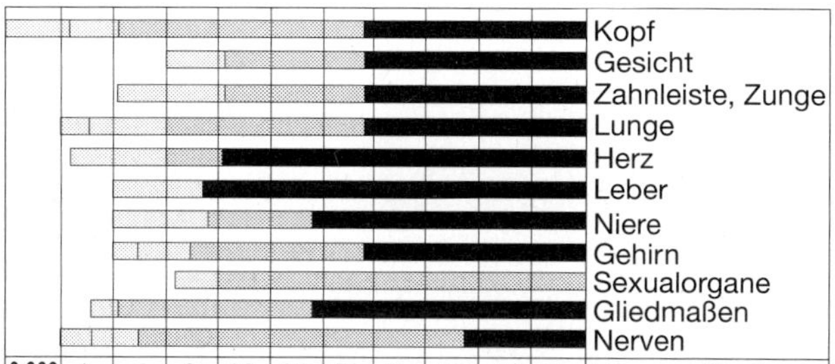


| | | | | | | | | | | | |
|---|---|---|---|---|---|---|---|---|---|---|---|
| 0,002 | 1 | 4 | 9 | 16 | 25 | 30 | 35 | 40 | 45 | 52 | Körpergröße in cm |
| 0,01 | 6 | 11 | 40 | 170 | 500 | 800 | | 2300 | | 3500 | Körpergewicht in g |
| | 1. | 2. | 3. | 4. | 5. | 6. | 7. | 8. | 9. | 10. | Monat |
| Zygote | Embryo | | | Fetus | | | | | | | |

Beginn der Ausprägung — deutlich erkennbar — gut entwickelt — voll entwickelt

______________________________

b) Weshalb ist die frühzeitige Entwicklung wichtig?

______________________________

______________________________

______________________________

______________________________

2. Versuche mit Hilfe des Diagramms herauszufinden, welche Entwicklungsstadien in den Abbildungen dargestellt sind. Gib jeweils den Monat an.

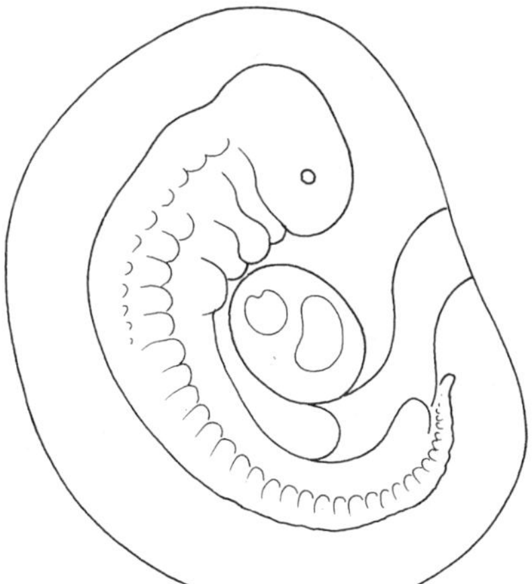

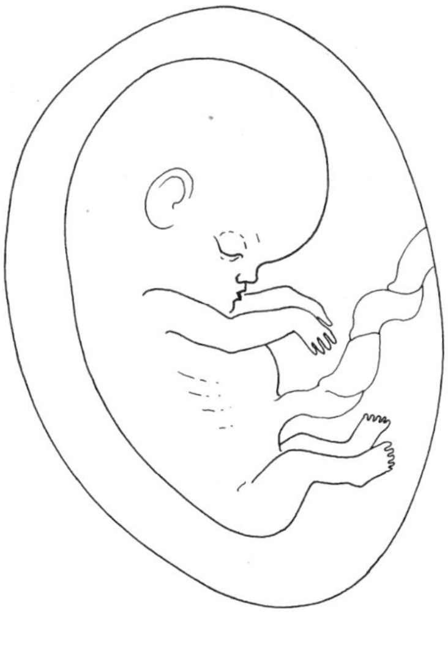

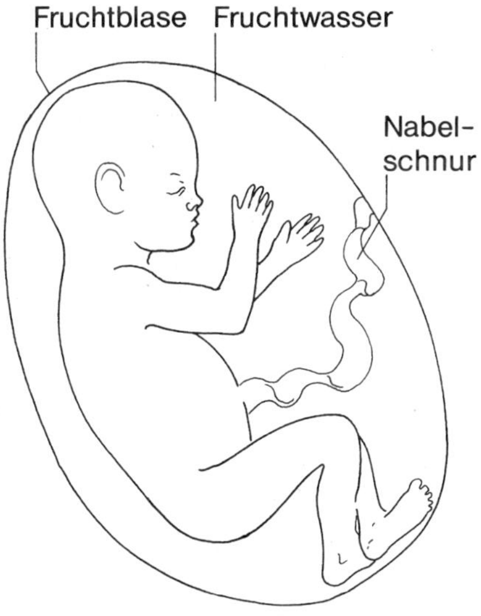


______________________ ______________________ ______________________

3. Wodurch kann die Entwicklung des Embryos gestört werden?

______________________________

______________________________

4. In welchem Entwicklungsabschnitt können die Auswirkungen besonders schwerwiegend sein? Erkläre.

______________________________

______________________________



 ISBN 3-12-030980-X

1. Benenne die in der Abbildung dargestellten Teile.

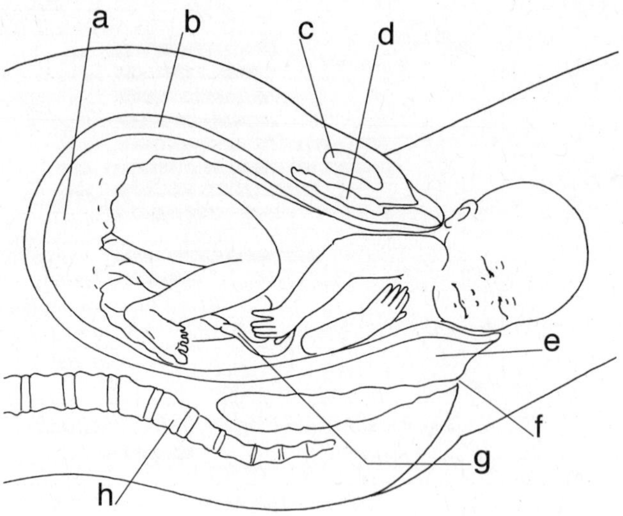


a *Plazenta (Mutterkuchen)*

b *Gebärmutter*

c *Schambein*

d *Harnblase*

e *Damm*

f *After*

g *Nabelschnur*

h *Wirbelsäule*

2. Wie kündigt sich die Geburt an? Beschreibe in Stichwörtern.

*Gebärmuttermuskeln ziehen sich krampfartig zusammen: Wehen, zunächst in Abständen von ca. 20 min., dann werden die Abstände kürzer und die Wehen heftiger.*

3. Beschreibe den Geburtsvorgang in Stichwörtern.

*Gebärmuttermund dehnt sich, Fruchtblase platzt, Fruchtwasser fließt ab, Presswehen drücken Kopf und Körper des Kindes durch Geburtsöffnung.*

4. Was geschieht nach der Geburt?

*Das Kind muss selbstständig Atembewegungen ausführen. Nabelschnur wird durchtrennt, Plazenta wird als Nachgeburt ausgestoßen.*

5. Die Sinne des Kindes sind bei der Geburt bereits gut entwickelt. Stelle in einer Tabelle die Sinneswahrnehmungen des Kindes im Mutterleib den Sinneseindrücken nach der Geburt gegenüber.

| im Mutterleib: | nach der Geburt: |
|---|---|
| *dunkel, sieht nichts* | *hell, kann Licht wahrnehmen* |
| *hört Herzschlag der Mutter* | *hört alle Geräusche der Umgebung* |
| *Fruchtwasser ist 37° C warm* | *Zimmertemperatur ca. 20° C* |




ISBN 3-12-030980-X

1. Benenne die in der Abbildung dargestellten Teile.

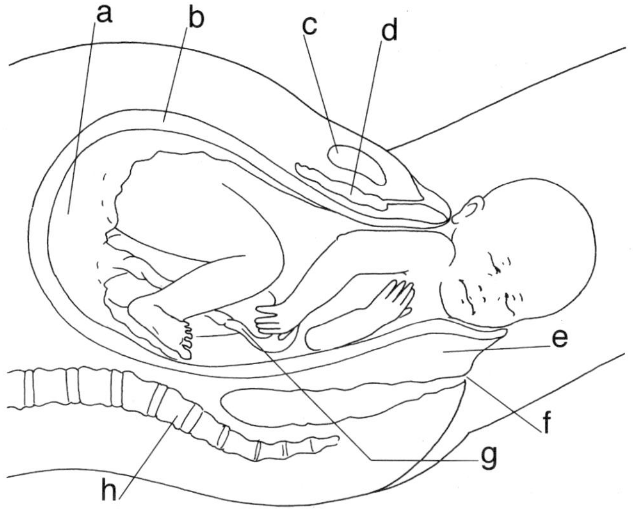


a ______

b ______

c ______

d ______

e ______

f ______

g ______

h ______

2. Wie kündigt sich die Geburt an? Beschreibe in Stichwörtern.

3. Beschreibe den Geburtsvorgang in Stichwörtern.

4. Was geschieht nach der Geburt?

5. Die Sinne des Kindes sind bei der Geburt bereits gut entwickelt. Stelle in einer Tabelle die Sinneswahrnehmungen des Kindes im Mutterleib den Sinneseindrücken nach der Geburt gegenüber.

| im Mutterleib: | nach der Geburt: |
| --- | --- |
| | |




ISBN 3-12-030980-X

Mädchen sollten sich nach einer Untersuchung von einer Frauenärztin oder einem Frauenarzt über die geeignete Verhütungsmethode beraten lassen.

| Methode | Erklärung | Wirkung | Besonderheit | * Sicherheit |
|---|---|---|---|---|
| Sterilisation des Mannes | Unterbrechung der Samenleiter | Spermien gelangen nicht in den Samenerguss | Leichter Eingriff, kann durch operativen Eingriff möglicherweise rückgängig gemacht werden | 0 |
| Sterilisation der Frau | Unterbrechung der Eileiter | Weg der Eizelle wird unterbrochen | Operativer Eingriff, kann mit erneuter Operation möglicherweise rückgängig gemacht werden | 0 |
| „Anti-Baby-Pille" | Hormontabletten zum täglichen Einnehmen für die Frau | Verhindert das Reifen eines Eies (Follikelsprung) | Wirkung kann beim Absetzen wieder aufgehoben werden | 0,2 |
| „Minipille" | Hormontabletten zum täglichen Einnehmen für die Frau | Die Einnistung des Eies in der Gebärmutter wird erschwert | Bei täglicher pünktlicher Einnahme so sicher wie die „normale" Pille | 0,2 |
| Dreimonatsspritze | Hormon, das in den Gesäßmuskel der Frau gespritzt wird | Reifung einer Eizelle wird unterdrückt und Gebärmutterschleimhaut verändert | Wirkung hält 3 Monate vor. Blutungsunregelmäßigkeiten treten auf. Für Jugendliche meistens nicht geeignet | 0,2 |
| „Spirale" | T-förmiges bzw. Z-förmiges kleines Gebilde aus Weichplastik mit feinem Kupferdraht | Die Einnistung des befruchteten Eies in die Gebärmutterschleimhaut wird verhindert | Wird in die Gebärmutter eingelegt. Wird alle 2 Jahre gegen eine neue ausgewechselt | 3,5 |
| Scheidenpessar und Portiokappe (Gebärmutterkappe) | Mechanisches Schutzmittel für die Frau, das am oberen Ende der Scheide eingesetzt wird | Spermien gelangen nicht in die Gebärmutter | Gute Sicherheit bei richtigem Sitz und zusätzlicher Verwendung eines chemischen Verhütungsmittels | 7 |
| Kondom | Dünner Gummischutz, der über das versteifte Glied gezogen wird | Sperma gelangt nicht in die Scheide | Jederzeit verfügbar. Schützt zusätzlich vor Geschlechtskrankheiten und Infektion mit HIV-Erregern | 7 |
| Chemische Verhütungsmittel | Creme, Gelee, Tabletten, Schaumspray, Zäpfchen, die vor jedem sexuellen Verkehr in die Scheide eingeführt werden | Töten Spermien in der Scheide ab; bilden Sperre vor dem Eingang der Gebärmutter | Als Schutz allein nicht sicher. Tabletten, Zäpfchen, Schaum-Ovulum müssen 10 Minuten schmelzen | 7-42 |
| Zeitwahlmethoden Knaus-Ogino und Basaltemperatur-Methode | Enthaltsamkeit an fruchtbaren Tagen, die durch Errechnung bzw. durch Messen der Körpertemperatur ermittelt werden | Zur Zeit des Follikelsprungs sind keine Spermien im Eileiter | Basaltemperatur-Methode ist etwas sicherer als Knaus-Ogino. Trotzdem beides als Verhütungsmittel nicht sicher genug | 0,7-14 |
| Coitus interruptus = unterbrochener Verkehr | Vorzeitiges Beenden des Geschlechtsverkehrs, d. h. vor dem Samenerguss | Die Masse der Spermien des Samenergusses gelangt nicht in die Scheide | Unsicherste Verhütungsmethode, da dennoch Spermien in die Scheide gelangen können | 10-38 |

* Die Zahlenangaben in dieser Spalte bedeuten die Anzahl ungewollter Schwangerschaften in 1200 Monatszyklen.




ISBN 3-12-030980-X